# 数字社会

## 数字时代的社会发展

许正中 蒋 震 王 娜 等著

·北京·

## 图书在版编目（CIP）数据

数字社会：数字时代的社会发展 / 许正中等著. 北京：国家行政学院出版社，2024.11. -- （"数字经济与高质量发展"丛书 / 孙世芳，许正中主编）.
ISBN 978-7-5150-2871-2

Ⅰ. D63-39

中国国家版本馆 CIP 数据核字第 2024F76J55 号

| | |
|---|---|
| 书　　名 | 数字社会：数字时代的社会发展<br>SHUZI SHEHUI：SHUZI SHIDAI DE SHEHUI FAZHAN |
| 作　　者 | 许正中　蒋　震　王　娜　等著 |
| 统筹策划 | 王　莹 |
| 责任编辑 | 王　莹　孔令慧 |
| 责任校对 | 许海利 |
| 责任印制 | 吴　霞 |
| 出版发行 | 国家行政学院出版社<br>（北京市海淀区长春桥路6号　100089） |
| 综 合 办 | （010）68928887 |
| 发 行 部 | （010）68928866 |
| 经　　销 | 新华书店 |
| 印　　刷 | 北京盛通印刷股份有限公司 |
| 版　　次 | 2024年11月北京第1版 |
| 印　　次 | 2024年11月北京第1次印刷 |
| 开　　本 | 170毫米×240毫米　16开 |
| 印　　张 | 14.75 |
| 字　　数 | 158千字 |
| 定　　价 | 55.00元 |

本书如有印装问题，可联系调换，联系电话：（010）68929022

# TOTAL ORDER ▶ 总序

当前和今后一个时期是我国以中国式现代化全面推进强国建设、民族复兴伟业的关键时期，高质量发展是全面建设社会主义现代化国家的首要任务。实现高质量发展就必须塑造发展新动能、新优势，加快发展数字经济是其核心内容。党的二十届三中全会明确指出，健全因地制宜发展新质生产力体制机制，健全促进实体经济和数字经济深度融合制度等，进一步为数字经济发展指明了方向。

随着新一轮科技革命和产业变革加速演进，我国经济社会各个方面正发生着"数字蝶变"。数字经济与实体经济深度融合不断改变着我们的生产生活方式，重组资源结构、重构经济社会发展格局，并从更深层次上推动"认知革命"。随着数字要素创造的价值在国民经济中所占的比重进一步扩大，数字经济成为世界经济增长新的动力源，也已成为我国经济高质量发展的强劲引擎。

数字产业化、产业数字化加快产业模式和经济组织形态变革，信息技术的快速迭代不断驱动优化产业生态，先进制造业集群发展壮大，呈现出制造业向高端化、智能化、绿色化发展的态势。数字经济不断催生平台消费新业态，在激活国内外消费市场、带动扩大就业等方面发挥了重要作用，也成为我国经济发展的新场景。数字化治理高效助推数字政府建设。近年来，我国政府以"互联网＋政务服务"为抓手的数字化治理模式加快推进，数字政府成为提升治理能力现代化的重要方式。在区域经济中，数字城市极大改变了城市经济社会的方方面面，对城市空间带来革命性变革。

数据作为经济要素，为经济理论研究提出了崭新的研究课题，如何高效配置数据资源、培育全国一体化数据市场成为当前经济工作的一项重要任务。在数据驱动力不断提升的背景下，我们需要重新审视生产效率、生产要素配置乃至企业边界等经济话题，重构高效满足个性化、精细化、多样化的市场需求的数字底座。同时，数据产权、数据跨境、数据标准也成为需要深入研究的话题。

夯实数字基础，需要加快数字新基建的进程。只有提升数据海量储存、高速传输、安全保障等方面的能力，才能释放数字综合创新价值的乘数效应，为全面建成社会主义现代化强国奠定数字基础。

本丛书就是在数字经济发展日新月异的大背景下，为进一步提升全社会特别是广大基层干部及企业负责人群体的数字经济意识，不断增强数字经济的本领，组织专家撰写的一套数字经济理论通俗读本。本丛书重点围绕我国经济社会发展的大背景和数字经济发展的热点和前沿问题进行剖析,力求深入浅出,解疑释惑,服务于读者需求。

本丛书编写组

# PREFACE 前言

党的二十大报告指出:"加快发展数字经济,促进数字经济和实体经济深度融合,打造具有国际竞争力的数字产业集群。"全面贯彻落实党中央关于数字经济发展的重大战略部署,加快发展新质生产力、扎实推进高质量发展,成为我们当前和今后时期的重要工作任务。近些年来,随着数字技术领域不断取得突破,数字经济等新产业、新业态、新模式层出不穷,其发展速度之快、辐射范围之广、系统影响之深前所未有,经济社会运行发生了全面而深远的变化,经济结构悄然发生变化,甚至出现了不同于以往的文明范式,具有断代性。

数字经济带来的影响主要体现在:第一,人们创造社会财富的方式发生变化。数据成为新的生产要素类型,也将成为社会财富创造的关键要素类型之一,将在资源配置中发挥越来越大的功能作用。数字技术创新成为数字经济乃至整个经济体系持续发展的原动力,数据算法将成为人类凝结劳动价值的新领域、新方向,围绕数据使用及数据算法等衍生出的资源配置新模式，也会成为改变未来全球竞争格局的关键因素之一，就如同当年工业社会的化石燃料一样。物联网、移动互联、人工智能等技术对分工合作关系进行了再定义，数字网络平台将成为数字经济下最重要的生产组织形态，人们可以以较低成本加入数字网络平台，从而参与到社会化大生产之中。供给和需求之间的信息不对称程度将有所降低，而生产的个性化水平将大大提高。第二，数字经济与传统经济在不断融合，整个经济社会将变得更加具有包容性、多元性，传统生产要素和数据等新型要素在其中一同发挥重要作用。产业融合是数字经济发展到一定阶段的必然结果，数字产业化和产业数字化趋势将更加明显。数字经济既是一种手段，又是不断创造新的资源配置方式，这种二元特征决定：一方面，传统产业会更好利用数字技术手段，不断提升社会财富创造效率；另一方面，数字技术会不断衍生出更加丰富的新产业、新业态、新模式。以思想创意、技术、技能为核心的三大驱动轮将成为经济社会高质量发展的重要动力，产业链供应链将呈现新的变化趋势，新型职业的替代和流动成为经济社会发展的新特征，整个社会化大生产的边界和能力将大大拓展、提升。第三，数字基础设施的形态发生了巨大变化，数字基础设施建设日新月异。作为数字经济核心要素之一的数据要素，网络效应的有效发挥依赖于信息共享、数字网络连通性、信息安全等条件,与数据产权、交易、流通、传输、安全保障等一系列事关数字经济发展的基础设施及其相关制度标准规范等,将成为推动数字经济高质量发展的重要条件。其数量和质量甚至会成为大国竞争的重要影响因素之一,所谓一切皆可链接。在数字基础设施之上,数据的流动性会大大提升,有助于形成新的数据产业发展生态。在未来,我们必须打造扎实可靠的数字基础设施体系,在此基础之上,不断推动形成新质生产力,形成创新驱动、更高附加值、更加安全稳定的数字经济产业链供应链,促进产业融合和产业升级,有效维护产权安全。第四,数字经济发展对社会结构的影响也是广泛而深远的,社会结构将更加复杂多元。数字经济的快速发展将为每个人创造新的链接方式——网络链接,将有助于形成新的以虚拟网络为空间载体的社会结构,人们在有些情况下不需要见面就能够开展社会协作,有些领域的社会结构会趋于扁平化。同时,社会结构的新变化也会在一定程度上对社会有序运行提出新挑战。一方面,数字鸿沟成为影响社会有序运行的重要因素。不同劳动者之间在数字认知能力方面的差异,将成为收入分配等领域的重要影响因素;另一方面,数字经济的快速发展会衍生出一个与传统现实物理空间完全不同的虚拟网络空间,更好地维持虚拟网络空间的社会秩序、开展数字治理,将成为经济社会运行领域的重大战略命题。

总之,我们必须站在未来审视现在,全面系统精准研判数字经济发展对经济社会带来的深远影响,既要开展全方位的制度改革,又要顺应数字经济发展新趋势开展制度创新,让数字经济更好地融入并服务于新发展格局,成为高质量发展的重要动力之一。

# 目录

CONTENTS

**第一章 数字社会的新形态** / 001

 第一节 数字社会的形态塑造 / 002

 第二节 数字社会的新形态与新模式 / 023

 第三节 数字社会的新型关系 / 041

**第二章 数字社会的基础设施** / 053

 第一节 传统基础设施的数字化 / 054

 第二节 技术性基础设施 / 065

 第三节 制度性基础设施 / 075

 第四节 安全性基础设施 / 089

 第五节 数字社会基础设施的产业化运维 / 100

**第三章 数字社会下的治理创新** / 115

 第一节 数字产业治理 / 117

 第二节 数字社会治理 / 129

 第三节 数字政府治理 / 145

 第四节 数字全球治理 / 155

第四章　**迭代创新的数字社会**　/ 169

　　第一节　数字社会的生产生活模式变革　/ 170

　　第二节　数字社会的发展新动能　/ 181

　　第三节　数字社会的未来图景　/ 187

　　第四节　以和合文化引领全球数字文明互鉴　/ 203

后　记　/ 220

第一章

# 数字社会的新形态

习近平主席向 2021 年世界互联网大会乌镇峰会致贺信指出："数字技术正以新理念、新业态、新模式全面融入人类经济、政治、文化、社会、生态文明建设各领域和全过程,给人类生产生活带来广泛而深刻的影响。"数字社会是继农业社会、工业社会、信息社会过渡之后一种新的社会形态。在信息社会基础上,将数字技术全面融入经济、政治、文化、社会、生态文明建设全过程,带来新的生产要素、新的基础设施、新的发展理念、新的经济形态和新的治理格局,从而保障基本社会民生,优化社会运行模式和效率,增进人民福祉。数字社会的新形态涵盖了社会结构的历史变迁、生产与社会组织的演变以及圈层网络的协同效应。数字社会是社会的生产方式、生活方式和传播方式发生革命性改变,物理实在社会与数字虚拟社会高度融合的社会形态。数字社会的核心要素则是映射实体社会的海量数据,所有权、交易权和利益分配更加复杂,现实空间和虚拟空间相互融合促进重构社会生产、交换和共生模式。

## 第一节　数字社会的形态塑造

社会结构的历史变迁、生产与社会组织的演变以及圈层网络的协同效应相互作用，共同推动了数字社会的发展和演进，为人类社会带来了全新的发展机遇和挑战。数字经济等新产业、新业态、新模式的快速发展有力推动整个人类社会向数字化、网络化、智能化方向演进，人类正加速迈向数字社会这一全新的社会形态。它呈现出与工业社会显著差异的特征：人类的社会连接方式更加丰富、连接范围更加广阔，几乎所有人与人、人与物、物与物都能够通过数字网络等技术手段连接起来，而后衍生出众多联系，比如事业关联、价值关联等。与此同时，随着各行业、各领域的数据融合集成，数字社会实现了经验治理向精准治理的跨越，很多经济社会活动可以通过数据流转实现，一定程度上形成数据流转替代"群众跑腿"的社会治理新格局。

## 一、社会结构的历史变迁

在社会的形态塑造中，社会结构的历史变迁起到了重要作用。随着时代的变迁，人类社会的结构也发生了根本性的转变。从原始社会的部落组织到封建社会的等级制度，再到现代资本主义社会的阶级分化，每个阶段都有其特定的社会组织方式和权力结构。数字技术的发展和普及改变了人们的生活方式和社会互动模式，促进了信息的传播和交流，打破了传统的地域限制和社会阶级壁垒，进一步重塑了社会结构。数字技术的普及使得人们更加依赖互联网进行沟通、交流和信息获取，社会结构逐渐呈现出网络化、平面化的趋势。

(一) 关于社会结构的定义

一般而言，社会结构是指构成社会的基本要素的自然组合状态，包括社会的阶级结构、经济结构、文化结构等。这些要素之间的关联和构成形成了一个稳定的网络，并且遵循着一定的规则和秩序。社会结构不仅是一种社会存在的方式，而且涉及个体的行为、思想和价值观。它们的形成、发展、变迁都反映出社会的实际情况，并且影响着社会的发展。因此，我们应该重视社会结构的建立、发展以及它们对于个人行为的影响，以便更好地满足社会的需求。"结构"一词指的是一个复杂的系统，它由多个元素构成，它们之间的相互影响和作用是相对稳定的。"社会结构"则指的是人类社会中的多种元素，其之间的交互作用是相对稳定的、关系也是相对固定的。

马克思在1845年写下的《关于费尔巴哈的提纲》中提出了一个著名的论断："全部社会生活在本质上是实践的。"这是马克思唯物史观的基本前提或出发点。社会实践作为人的"感性活动"必然既具有客观物质性又具有主观能动性，这两个基本特征决定了社会生活及其历史发展过程也必然既具有客观物质性，又具有自身的精神特质或文化属性。社会的多元性表达出来的既有当下的日常行为又有其历史发展的脉络，它既是一种客观存在又是一种发展动力。

马克思主义社会学关于社会结构的观点有广义和狭义两种理解。广义的社会结构是指社会各个基本活动领域，包括政治领域、经济领域、文化领域和领域之间相互联系的一般状态，是对整体的社会体系的基本特征和本质属性的静态概括，是相对于社会过程而言的。社会经济结构不仅关系社会的政治、文化、生产、消费，而且能够深刻地改变这些因素，使得这些因素能够协同工作，共同推进社会的发展。此外，这些因素还可能与政治、法律、意识形态等更高级的组织相互交织，从而使得这些因素能够更好地促进社会的发展。在上层建筑中，不同的组成单元都保持着自身的特点，不仅可以直接或间接地改变社会的经济状况，还可以通过调整劳动力的分布、技术的进步以及财富的积累，为整个社会带来积极的变化。广泛而深刻的社会结构可以概括为不同的人物、文化、政治、经济、技术、信仰、价值观。通过交流与合作建立一个稳固的社区至关重要，也会影响每一组成员的行为准则。

社会生活无疑是个人生活的总和，但个人从来不是孤立存在的，社会生活也不是众多个人生活的机械拼凑。所谓个人的活动或个人的生活都是以人们之间的社会交往活动为前提的。人们之间的社会交往活动以及由此产生的交往关系把众多个人的活动或个人的生活整合成为社会性的共同活动或共同生活。在这种共同活动或共同生活的层面上产生一系列社会生活基本因素。这些基本因素无论是作为共同生活的各个方面的不同要素、组成部分，还是作为共同生活过程的各个环节，对于共同生活的整体来说都是必不可少的。它们彼此相互关联、相互作用，构成共同生活的内部动态，使共同生活成为活生生的有机系统。我们所说的社会结构在其最基本的含义上就是指这些社会生活基本因素之间的相对稳定的相互作用的关系或相对固定的相互结合的方式。马克思在《〈政治经济学批判〉导言》中，对经济运行总体过程内在因素、结构关系和动态机制的分析可以说是对社会结构的最好的说明。马克思认为，社会经济的总体包含生产、分配、交换、消费四个方面的基本因素，这四个方面的因素"构成一个总体的各个环节，一个统一体内部的差别"，它们之间的相互作用关系构成了这个总体过程的结构关系。

（二）新质生产力推动社会变迁

新质生产力的出现和发展通常会引发社会结构的深刻变革，[①] 在新技术、新产业、新基础设施、新管理模式及新意识形态等几个方面推动社会变迁，变迁的历史进程可以分为以下四个阶段。

### 1. 工业革命（18世纪末至19世纪初）

工业革命是人类社会历史上的重要转折点，标志着从手工业向机械工业的转变。其核心技术之一是蒸汽动力的广泛应用，煤炭燃料的使用推动了蒸汽机的发明和应用，从而提高了工厂和交通运输的效率。除此之外，纺织机械、矿山机械、铁路等领域的创新也对工业革命起到了关键作用。在产

---

① 托马斯·库恩、伊安·哈金：《科学革命的结构》，金吾伦、胡新和译，北京大学出版社2012版。

业方面，工业革命涉及纺织、煤矿、钢铁、铁路、造船等工业部门，推动了生产的大规模化和效率的显著提高。

为了支撑工业革命的发展，建立了一系列基础设施。能源基础设施包括煤矿、煤炭运输系统、蒸汽机和水力发电站等；交通运输基础设施则包括铁路、港口、运河等，以便原材料和制成品的运输；而工业区基础设施则包括工厂、工业园区、水泥路面等。这些基础设施的建立为工业革命提供了支撑，促进了工业化进程的加速推进。

在生产管理方面，工业革命带来了均质化生产管理和层级化管理结构的重要变革。由于生产规模的扩大，标准化和均质化变得尤为重要。为确保产品质量和生产效率，管理者采用严格的生产计划和工厂管理制度。同时，工厂通常采用严格的层级化管理结构，由上至下进行命令和控制，以确保生产活动的有序进行。

此外，工业革命还带来了工业资本主义的兴起，强调私人财产权和自由市场的重要性。资本家追求利润最大化，劳动者则追求工资和劳动条件的改善，从而产生了新的阶级意识形态。工业革命不仅是技术和产业的变革，更是社会、经济结构的深刻变化，影响深远，至今仍然在全球范围内产生着巨大的影响。

**2. 电气化与化学工业革命（19 世纪末至 20 世纪初）**

电气化技术和化学工业革命的崛起标志着工业发展中的重要节点。首先，电气化技术的出现加速了生产的自动化和机械化。新兴的电气化技术包括发电机、电动机和电线电缆等，它们改变了传统的生产方式，提高了效率。这一技术的应用催生了电信和电力等新兴产业。同时，化学工业也在这一时期迅速发展，合成化肥、塑料等化学产品的问世，为生产和生活带来了革命性的变化。同时，产业结构在这一时期发生了巨大的变化。电力、电信和化工成为主要的产业领域。电力供应的普及促进了工业化进程的加速，电信技术的发展推动了信息交流的便捷化，而化工产品的广泛应用改变了人们的生活方式。

随之而来的是基础设施方面的支撑，发电厂、输电线路、变电站等构成了电力基础设施，电报线路、电话交换机、无线电台等构成了通信基础设施，化工厂、石油精炼厂、化学原料生产厂等构成了化工基础设施。

此外，这一时期还见证了生产管理和工作组织方式的重大变革。随着大规模生产的进一步发展，生产线管理成为重要的管理模式。管理者需要设计有效的生产流程和工艺，并进行持续的改进，以提高生产效率和产品质量。与此同时，管理者开始采用科学管理原则，例如时钟工资制度、工作标准化等，以提高工人的生产效率和劳动力利用率。

在这一时期的社会背景下，意识形态呈现出多样性和复杂性。科学家和工程师成为社会上备受尊重的群体，他们的贡献被视为推动社会进步和经济发展的重要力量。这种实用主义的意识形态倾向于强调科学创新和技术应用，以解决实际问题并改善生产效率。此外，资本主义经济制度的影响仍然显著。随着工业化进程的加速，资本家对利润最大化的追求更加强烈。工人则开始意识到自身权益的重要性，劳工运动逐渐兴起，工人阶级开始组织起来争取更好的工资和劳动条件。这反映了资本主义社会中阶级矛盾的加剧，以及对社会正义和公平的追求。

**3. 信息技术革命（20 世纪后半叶至 21 世纪初）**

这一阶段标志着人类社会进入了信息化时代，这是一场彻底改变人类生活和工作方式的重要变革。在这一时期，技术、产业和管理方面都发生了巨大的变化，对社会结构和意识形态产生了深远影响。

首先，技术的快速发展是信息技术革命的核心。计算机技术的普及和互联网的出现极大地改变了信息处理和传播的方式。计算机硬件和软件的迅速发展使得信息的处理和存储变得更加高效，互联网的出现使得信息的传播和共享变得更加便捷。随着移动通信技术的飞速发展，人们可以在任何时间、任何地点进行信息传递，大大缩短了人际交往的距离。信息技术的发展推动了新的产业兴起。计算机、互联网、通信等产业成为该时期的主要产业，推动了数字经济的崛起。电子产品的普及和互联网的广泛应用改变了人们的生活方式，推动了全球经济的全球化和信息化。

其次，这一时期基础设施建设得到了巨大的发展和改善，以支持信息技术的快速发展和应用。互联网骨干网络的建设连接了全球各地的数据中心和服务器，光纤通信线路的广泛应用大幅提升了数据传输速度和网络带宽。大型数据中心和计算机数据中心的建设提供了大规模的存储和计算能力，支撑了云计算、大数据等应用的运行。此外，半导体工厂和电子元件生产线的扩建和升级，为生产高性能芯片和电子产品提供了强大的支持。随着各种先进的基础设施的不断完善，它们不仅极大地促进了互联网技术（IT）的飞跃式发展，而且也极大地激励着全世界的经济、文化及社会的变革，从而促进了整个世界的变革。

最后，管理模式也随着信息技术革命发生了变化。随着IT的不断发展，生产过程变得越来越灵活，管理者也越来越重视团队协作和创新，并采取更加灵活的管理策略来满足不断变化的市场需求和技术进步。互联网的出现改变了信息传播和沟通的方式，管理者开始采用更加平面化的管理结构，强调信息的共享和团队协作。

这一时期的意识形态变化体现了开放共享、数字化、全球化以及对个人隐私和信息安全的关注。这些变化不仅深刻影响了人们的生活方式和社会交往模式，也塑造了信息时代的核心价值观和社会伦理观。

信息技术革命是人类社会发展的重要变革点，它不仅改变了人们的生活方式和工作方式，也深刻影响了产业结构、管理模式和意识形态。这一时期的变革为人类社会带来了巨大的发展机遇，也带来了新的挑战和思考。

## 4. 数字化与智能化革命（21世纪初至今）

数字化与智能化革命标志着人类社会进入了数字化智能化时代，成为技术变革的新拐点。这一时期，人工智能、大数据、物联网等新技术的涌现极大地提升了生产力和效率，推动了产业的升级和转型，同时也正在深刻地改变着人们的生活方式。在技术方面，人工智能、大数据、物联网、智能制造等被视为该阶段的核心技术。人工智能的发展使得机器学习、自然语言处理等技术得到广泛应用，大数据技术的出现和智能化传感器的发展推动了物联网的快速发展。这些技术的蓬勃发展为数字化智能化时代的到来奠定了坚实基础。[①] 在产业方面，人工智能、大数据、物联网等成为该阶段的新兴产业。智能手机、智能家居、智慧城市等新兴产业正在改变人们的生活方式和工作方式，推动着数字经济的发展。这些新兴产业的崛起为经济结构的转型和社会形态的变革带来了深远的影响。在基础设施建设方面，物联网基础设施、大数据基础设施、智能化制造基础设施等得到了重点发展。传感器网络、物联网通信技术、智能感知装置等物联网基础设施的建设实现了物品之间的连接和数据交换。大数据存储设备、分布式数据处理系统等大数据基础设施的建设支持了大规模数据的存储、管理和分析。智能工厂、机器人生产线、自动化仓储系统等智能化制造基础设施的建设实现了生产过

---

① 田鸽、张勋：《数字经济、非农就业与社会分工》，《管理世界》2022年第5期。

程的智能化和自动化。这些基础设施的建设为数字化智能化时代的发展提供了有力支撑。在管理方面，管理模式向灵活化和适应性转变。随着信息技术的发展，传统的刚性管理模式逐渐被灵活的管理方式所取代。管理者开始注重团队的合作和创新，采用更加灵活的管理方式以适应快速变化的市场需求和技术进步。同时，组织结构也趋向于扁平化，强调信息的共享和团队协作，以促进创新和快速决策。

在此时期，科技乐观主义成为主导。数字化智能化时代强调技术的重要性，人们开始相信科技的力量可以解决社会问题，推动社会的发展和进步。个性化与自由化也得到了强调，互联网的普及使得信息交流更加便捷，个人权利和自由表达的重要性得到认可。同时，可持续发展的理念日益受到关注，人们开始意识到科技发展需要与环境保护相协调，注重资源的可持续利用和环境的保护。这些变革推动着管理模式和意识形态的进步，为社会的持续发展和创新注入了新的动力。

数字化时代是人类社会发展的重要变革转折点。技术、产业和基础设施等各方面的发展将继续推动人类社会迈向更加智能化和数字化的未来，为可持续发展和社会进步注入新的活力。

综上梳理四个重要阶段的变革，每个阶段技术和产业的发展都对人类社会产生了深远的影响，推动了经济结构的转型和社会形态的变革。工业革命时期以蒸汽动力和机械化为主，推动了生产力的飞跃提升和工业化进程的加速，标志着人类从手工业向机械工业的转变；电气化与化学工业革命时期，电气化技术的兴起和化学工业的快速发展改变了生产和生活方式，推动了工业结构的多元化；信息技术革命时期，计算机技术、互联网和移动通信等技术的涌现引领了数字经济的崛起和全球化的加速，人们生活和工作方式发生了根本性变化；数字化与智能化革命时期，人工智能、大数据、物联网等新技术的快速发展为社会带来了智能化和数字化的新时代，推动了产业升级和可持续发展的追求。

（三）数字化带来的社会新形态

不同阶段新技术和新产业的出现都需要相应的基础设施建设来支撑其发展，都需要相应的管理模式来适应其特点和发展需求。新意识形态也反映了技术和产业发展的趋势，同时也反映了人们对社会发展和个人生活的期望和追求。随着技术的不断进步和社会的变迁，新的意识形态也将不断涌现，引领着社会的发展方向和价值观念。以上四个阶段的变革共同构成了现代社会技术演进的重要历程，推动着人类社会向着更加智能、数字化和可持续的未来迈进。

数字化带来了社会变革，同时也影响了各个领域的新形态。[①] 一是数字化推动了经济的增长和创新。新技术的不断涌现催生了新产业和新业态，为经济发展注入了新的活力。

---

① 戴长征、鲍静：《数字政府治理——基于社会形态演变进程的考察》，《中国行政管理》2017年第9期。

二是促进了信息共享和知识传播。互联网的普及使信息获取和共享更加容易，推动了教育和文化的进步。三是提高了生活的便利性和效率。从购物到交流再到工作，数字化让人们的生活更加便捷高效，提高了生活质量和工作效率。四是促进了全球互联和合作。数字技术使世界各地的人们可以更方便地交流与合作，增强了国际交流，有助于解决全球性问题。

然而，数字化也带来了一系列挑战。首先是数字鸿沟与不平等。数字化加剧了信息和技术的不平等现象，使得那些无法接触到数字技术的人们面临被边缘化的风险，扩大了数字鸿沟。其次是隐私与安全问题。随着数据的大规模收集和利用，个人隐私和数据安全面临着严峻挑战，网络安全问题日益突出。再次是数字化还带来了失业与技能断层。自动化与数字化使得部分传统工作岗位人员面临失业风险，而新兴产业需要的技能与传统劳动者的技能存在断层，导致职业转型困难。① 最后是信息泛滥与真伪难辨。信息爆炸的时代使得真实信息与虚假信息往往难以区分，信息的可信度受到挑战，给人们的决策和行为带来了困扰。

数字化带来了广泛而深远的社会影响，既有利于推动社会发展与进步，又带来了不少挑战和问题，需要社会各界共同努力应对，以实现数字化的最大利益。

---

① 刘诚：《数字经济规范发展与市场治理》，社会科学文献出版社2023年版。

## 二、生产与社会组织形式的演变

数字化生产方式的兴起和发展也对社会的生产和组织形态产生了深远的影响。生产与社会组织的信息结构发生巨大变化,从信息传递的串联结构转变为并联结构,整个生产与社会组织结构变得更加扁平化。数字平台将在某些领域取代企业和农户,成为重要的市场主体类型,也将成为降低供给和需求信息不对称的关键纽带,为精准撮合供需双方提供技术手段。由此,数字化生产使得生产过程更加灵活高效,加速了产业链的整合和升级。同时,数字化技术也催生了新的经济形态,如共享经济、平台经济等。这些新兴经济形态改变了传统的生产模式和社会组织方式,推动了经济结构的转型和社会组织的更新。①

### (一)农业生产模式与组织形式的演变

农业领域经历了从传统家庭式种植到现代化大规模生产的转变,农业生产模式和组织方式发生了根本性变化。数字化技术的引入,使得农业逐渐转向平台化生产,农业信息化管理系统的普及提升了农产品的生产、流通和销售效率,推动了农业供应链的整合和升级。

在传统的家庭农业时代,生产主要依赖家庭自给自足和小规模销售。生产组织以家庭为单位,家庭成员负责从耕种

---

① 王天夫:《数字时代的社会变迁与社会研究》,《中国社会科学》2021年第12期。

到销售的各个环节，形成相对封闭的自给自足体系。技术手段简单，主要依赖人力和畜力，虽然生产效率较低，但与土地和自然资源关系紧密，体现了传统农耕文化和生活方式。

随着工业化进程的推进，工厂化农业时代应运而生。农业生产逐渐实现了机械化和规模化，生产组织向农业企业集中，引入了大规模机械化设备和现代化管理。农业机械的广泛应用大幅提升了农业生产效率，农产品的产量和质量显著提高。农业生产逐渐脱离传统的家庭模式，走向市场化和产业化，成为由专业人员和技术设备共同参与的产业。

在数字化平台化的农业时代，数字化技术的广泛应用推动了农业信息化和智能化发展。农业生产模式逐渐向平台化转变，农业互联网平台催生了新型农业供应链和智慧农业模式。这些平台通过整合资源和信息，连接农民、农产品市场、农业科研机构及相关企业，实现农业生产要素的高效配置和农产品的精准销售。平台提供种植技术指导、农产品溯源、市场预测等服务，帮助农民降低生产成本、提高产量和质量。智慧农业技术的应用，如农业物联网、无人机巡检、智能灌溉等，使得农业生产更加智能化和精准化，提高了农产品的竞争力和市场地位。数字化技术与农业产业的深度融合，为农业现代化发展开辟了新的道路。

（二）工业生产模式与组织形式的演变

在工业领域，传统工厂生产模式逐渐转变为数字化生产方式。采用先进的自动化技术和智能制造系统，可以大大提升生产的灵活性和效率，降低人力成本。同时，工业互联网的发展推动了生产过程的数字化和智能化，实现了智能监控和远程控制。

在手工生产时代，生产模式依赖于人工操作和简单工具，生产过程相对缓慢且劳动密集。工艺大多是手工制作，每个产品都需要经过熟练工匠的手工操作，因此生产效率低下。生产组织以个体手工艺人或小规模手工作坊为主，每个人或每个作坊独立完成一部分生产任务，缺乏整体协作和规模效应。这种分散的生产模式导致资源利用不充分，产能无法得到充分释放，同时也限制了产品的质量和数量。虽然每个工匠可以根据自己的技艺和经验制作出高质量的产品，但从整体上来看，手工生产时代的生产效率和产量都受到了较大限制。

随着工业化的到来，生产模式经历了巨大的革新与转变。传统工厂生产模式，以传统的流水线生产为主，属于劳动力密集型；以工厂为核心的生产组织为主，由专业工人组成的生产线操作。工业化生产采用了机器化、流水线生产等现代化技术，这些技术的引入大幅提高了生产效率和产品质量。机器取代了人工，使得生产速度大幅提升，而流水线生产则实现了生产流程的连续化和标准化，进一步提高了生产效率。生产组织逐渐向工厂集中，引入了大规模机械化设备和现代化管理模式，生产流程更加集中化和规范化。工人在工厂中执行相对固定的工作任务，他们在机器的辅助下完成特定的工序，这种劳动分工的方式进一步提高了生产效率。工厂通过大规模生产实现了经济效益的最大化，使得产品价格大幅下降，从而提高了产品的市场竞争力。这一时期的工业化生产模式彻底改变了传统的手工生产方式，推动了生产力的飞跃发展，成为现代工业社会的基石。

在数字化智能化生产时代，随着数字技术和人工智能的迅猛发展，生产模式和组织形式发生了革命性变化。数字化智能工厂通过高科技手段使生产过程更加智能和精准。智能设备和传感器的应用实现了自动化和智能化，大幅提升了生产效率和产品质量。生产组织向数字化平台集中，通过互联网和智能设备实现实时监控和管理，管理者可以随时了解生产情况并进行调整，提升了生产的灵活性和响应速度。通过采取这一新的模式，我们能够有效地应对当前的市场挑战，同时也能够显著减少生产成本，极大地提升资源的使用效率，从而获得极强的竞争力，并为产业的升级与转型作出贡献。

（三）新兴经济形态下的生产模式与组织形式

近年来，平台经济的迅猛增长为经济社会的发展带来了重要的影响。2023年政府工作报告提出，大力发展平台经济，提升常态化监管水平，支持平台经济发展。在新兴经济形态方面，数字化技术催生了共享经济和平台经济的兴起。共享经济利用数字平台将资源和需求进行匹配，打破了传统生产和消费的边界，提高了资源利用效率。平台经济通过数字化平台连接供需双方，实现了生产要素的高效配置，推动了创新和创业活动的发展。这些新兴经济形态改变了传统的生产模式和社会组织方式，推动了经济结构的转型和社会组织的更新。

共享经济通过数字平台实现资源共享和利用，形成共享经济生态圈。生产组织模式以平台化为主，实现供需双方的精准匹配。共享经济利用技术手段重新分配和合理运用人、物、信息、时间等资源，主要依托互联网，通过搭建平台将这些资源与他人共享，以获得特定收益。共享经济应具备信息、社会闲置资源、使用权、流动性和互联互通五大要素。在新的时代，企业应合理利用共享经济的优势，提高经济效益。共享经济提高了资源的使用效率，减少了人们对所有权的需求，降低了社会消耗。

共享经济的平台组织特征包括以下几个方面：一是供需双方在经济活动中具有重要影响力。共享经济的商业模式多为轻资产模式，有效匹配供需需求和维持用户忠诚度是其立足之本。二是共享供给方，个人或企业都可以作为供给方，关键在于是否有闲置资源可交易。三是需求方和供给方可以互换角色，个人和组织都可以同时扮演需求方和供给方的角色。需求方通过租赁满足服务需求，供需双方的交易具有较高透明度，有助于推动互动关系。

平台经济的生产方式是利用数字化平台连接供需双方，实现生产要素的高效配置。生产组织模式以平台化形式为核心，促进了创新和创业活动的蓬勃发展。随着科技的发展，平台经济已经深入人们的日常生活。它将数字化作为核心的商业活动，从美国的苹果、亚马逊、谷歌、脸书到中国的腾讯、阿里巴巴、百度、京东，这些巨头企业构建了一个完整的、充满活力的云计算社区，也推动了全球范围内的云计算创新。

平台经济作为数字经济中最核心的"生产力新的组织方式"和"新型经济形态"，是数字经济的主要生产和市场交易组织方式及服务供给载体。维护和促进平台经济健康发展，构建数字经济治理格局，是推动高质量发展的重要课题。在第四次工业革命中，实体经济正经历全面的数字化转型。2022年，中国数字经济规模达到50.2万亿元，同比增长10.3%，显著高于同期GDP增速，占GDP的41.5%，相当于第二产业在国民经济中的比重。

### 三、圈层网络的协同效应

在数字社会中，圈层网络的形成和发展极大地影响了社会形态。通过社交网络、在线社区等平台，人们以共同的兴趣爱好、专业领域、地理位置等为纽带形成了各种圈层网络，促进了信息的共享和知识的传播，加强了人际联系和互动。供给侧和需求侧主体数量的不断增加形成了纷繁复杂的网络效应。① 不同主体信息的交互形成了大量的微观外部性

---

① 狄波拉·勒普顿：《数字社会学》，王明玉译，上海人民出版社2022年版。

集合，推动了社会组织的重构和社会形态的变革。

（一）圈层网络的形成与特征

社交网络和在线社区的兴起已成为数字时代的重要特征。随着互联网的普及，各种社交平台如微信、脸书等提供了在线交流的平台。这些社交网络不仅是连接个人的工具，更是形成圈层网络的基础。

圈层网络的构建主要是通过共同的兴趣爱好、专业领域和地理位置等纽带来实现。例如，在一个社交平台上，用户可以加入各种兴趣小组或者关注特定话题的讨论，这些小组或话题就形成了一个个圈层。同样地，专业社交平台也为具有相同行业背景或职业需求的人们提供了交流互动的平台，进而形成了专业领域的圈层网络。此外，地理位置也是构建圈层网络的重要因素，例如在地理位置社交应用中，用户可以通过地理位置信息找到身边有相同兴趣的其他用户，建立起真实世界中的圈层联系。

圈层网络对信息共享和知识传播起着重要的促进作用。在这些网络中，人们可以分享彼此的经验、见解和知识，从而加深彼此之间的交流与了解。例如，在一个兴趣小组中，成员们可以分享他们对特定话题的见解和经验，从而共同探讨并丰富彼此的知识。此外，专业领域的圈层网络也促进了专业知识的传播和交流，有助于行业内的人才培养和技术创新。

（二）圈层网络对社会的影响

圈层网络加强了人际联系和互动。通过圈层网络，人们可以更容易地找到志同道合的伙伴，建立起更为紧密的社交关系。这种联系和互动不仅局限于线上，也会延伸到现实生活中。例如，在一个兴趣爱好的社交群体中，成员们可能会组织线下活动，如聚会、户外活动等，加强彼此之间的交流与互动。

圈层网络推动了社会组织的重构与变革。传统的社会组织形式往往是以地域或家庭为单位，而圈层网络则打破了这种限制，使得人们可以基于共同兴趣、专业背景等因素进行组织和联合。例如，在一个以环保为主题的圈层网络中，可以跨越地域限制，聚集来自不同地区的志愿者，共同开展环保活动，从而推动了环保事业的发展。

圈层网络为创新和合作提供了新的机会和平台。通过圈层网络，人们可以与不同背景、不同领域的人进行交流和合作，共同探讨问题、解决挑战、实现创新。例如，一个跨领域的创业圈层网络可以聚集来自技术、市场、设计等不同领域的专业人士，共同探讨和开发新的产品或服务，促进创新和合作的发展。

### （三）网格化管理的扩散与特点

随着模式推广与标准化扩展，网格化管理已经发展到一种前所未有的状况，它不仅可以大大减少复杂的工作流程，而且可以解决传统的基层治理模式存在的条块分割和职责重叠的问题。[①] 从整体上讲，网格化管理具备三大显著的优势。

---

① 陈春花：《价值共生：数字化时代的组织管理》，人民邮电出版社2021年版。

一是网格化管理的扩散表现出政策扩散的广泛性。这一管理模式在全国范围内得到了积极的推广和应用,各地区纷纷采取行动推进网格化管理的实践。不同地区的实践方式各具特色,形成了多样化的网格化管理模式,体现了政策扩散的广泛性。

二是网格化管理覆盖领域的多样性从城市管理延伸到社会治理。传统上,网格化管理主要应用于城市管理领域,如城市规划、基础设施建设等。然而,随着社会治理理念的更新和发展,网格化管理的范围逐渐扩展到了社会治理领域,包括综治网格、党建网格、服务网格、综合网格等新形态的出现,兼具多项社会治理功能。

三是网格化管理兼具常态与非常态的特点。一方面,网格化管理已经成为一种常态化的管理模式,得到了各级政府的认可和推广,形成了一套成熟的管理机制和实践经验。另一方面,随着时代的变迁和社会需求的不断变化,网格化管理也在不断创新和发展,以适应新形势下的治理需求,因此具备了适应性强、灵活性大的非常态特点。

## 第二节 数字社会的新形态与新模式

在全球数字化浪潮的推动下,社会各个领域正在经历前所未有的变革。数字技术的迅猛发展不仅改变了人们的生活方式，也催生了全新的社会形态和运作模式。从经济、教育到文化、社交，数字化的影响无处不在。数字平台经济、智能化生产、共享经济及社交网络的普及，构成了数字社会的新形态。这些新模式不仅提升了资源配置的效率，还促进了社会的互动与协作，为经济的高质量发展提供了强大动力。本章将深入探讨数字社会的新形态与新模式，分析其发展趋势和对未来社会的深远影响。

## 一、关于数字社会

### （一）关于数字社会的定义

数字社会是指在信息技术高度发达的背景下，人们生活、工作、交流等各方面活动都在数字化平台上进行的社会形态。这种社会以数字技术为基础，通过互联网和移动通信等技术实现信息的快速传递、资源共享和便捷交流。数字社会的特征包括数字化生产与经济模式、基于网络的社交与沟通、大规模数据的生成与应用，以及数字化政府和公共服务。数字社会的发展深刻影响了人们的生活方式、社会组织形式和经济模式，对社会结构和文化观念产生了重大影响。

根据学者尼古拉斯·尼葛洛庞帝（Nicholas Negroponte）的观点，数字社会是指数字技术在社会各方面的普及和应用，包括生产、交易、社交和娱乐等活动，以及对社会结构和文化的深刻影响。克劳斯·舍瓦布（Klaus Schwab）认为，数字社会是指数字技术在经济、社会和个人生活中的全面渗透，促进了信息的快速传递、资源共享和社会互联。根据麻省理工学院（MIT）的研究，数字社会是指数字技术在社会各个方面的全面渗透和影响，包括数字化的经济、政治、文化、教育、医疗等领域，以及数字技术对社会结构和组织形式的深刻改变。欧洲委员会（European Commission）认为，数字社会是指数字技术在欧洲各个领域的广泛应用和推广，以提高经济效率、提升公共服务水平、促进社会包容和创新发展。

综合来看，数字社会是指数字技术在社会各个领域的普及和应用，以及数字技术对社会结构、经济模式、文化形态、政治体系等方面的深刻影响。数字社会的特征包括数字化的生产与经济模式、基于网络的社交与沟通、大规模的数据生成与应用，以及数字化的政府和公共服务等。

（二）数字社会的新形态

在上述分析的社会变迁历程中，数字社会的平台经济、共享经济及竞合多赢的社会组织模式等展现了一系列新特征，促进了资源的高效利用、经济的持续增长，同时也呈现出多方共赢、生态共生的发展趋势。[①]

一是平台经济的兴起。数字社会中的平台经济成为主要形式之一，通过在线平台，各种服务提供者和需求方可以直接交流、合作和交易。这些平台提供了一个连接供需双方的

---

① 美团研究院：《从数字生活到数字社会——美团年度观察2020》，中国发展出版社2020年版。

虚拟市场，促进了资源的高效配置和经济活动的蓬勃发展。

二是共享经济的发展。共享经济在数字社会中得到了快速发展。通过共享经济平台，个人和企业可以共享资源，如共享汽车、共享单车、共享办公空间等。这种模式提高了资源利用率，降低了成本，同时也促进了社区共建和环保理念的传播。

三是竞合多赢的社会组织模式。在数字社会中，竞合多赢的模式越来越受到重视。这种模式强调利益相关方之间的合作与竞争并存，追求多方共赢。通过合作，不同组织可以在竞争中取得更大成功，共同推动产业和社会发展。这种模式在跨行业、跨领域的合作中尤为突出，如生态合作和产业联盟等。

四是平台生态的形成。在数字社会中，平台不再是简单的交易场所，而是形成了复杂的生态系统。各种服务提供商、开发者、用户以及第三方合作伙伴共同构建了平台生态，通过数据共享、技术集成等方式实现了多方共赢。这种平台生态的形成促进了创新和协同发展，带动了数字经济的快速增长。

（三）数字社会的社会互动新格局

在数字社会中，人与技术之间的关系呈现出日益密切的交织态势。科技的不断发展赋予个体更多的信息获取和交流渠道，同时也塑造了新的社会经济结构。经济的变革推动了技术创新和应用，加速了数字化进程，促进了社会的智能化和信息化发展。这种交织不仅是技术与经济的互动，也涉及人与人之间的互动和社会关系的重构，共同构建了数字社会中的新格局，其中个体的行为、社会组织的形态及文化传承等方面都受到深刻的影响并被重新定义。

一是科技赋能生产和生活。数字社会的科技发展使人类能够更高效地获取、处理和共享信息。通过智能设备和互联网，人们与全球信息实现实时连接，改变了信息获取和知识传播的方式。数字技术的普及改变了生活方式和工作模式。智能手机、智能家居、智慧城市等应用使生活更加便捷和智能化。同时，人工智能和大数据分析等技术提升了生产力，使生产过程更加智能和高效，促进了经济发展和社会进步。

二是数字技术推动了数字经济的崛起。共享经济、电子商务和在线支付等新兴产业改变了传统产业格局，促进了创新和就业。人工智能、数据分析、网络安全等新兴行业的兴起，催生了新的职业需求，改变了就业市场和结构。数字化创新为企业提供了新的增长点和竞争优势，促进了经济结构优化和产业升级。

三是社交网络的兴起。数字社会中，人与人之间的交流方式发生了革命性变化。社交网络平台使人们可以随时随地与他人交流和分享，加强了人际关系。同时，在线社区的形成使人们以共同兴趣或专业领域为纽带进行交流，形成各种圈层网络，推动社会关系的多样化和深化。数字技术的普及还使信息共享和社会参与更加便捷，人们通过社交媒体和在线论坛表达观点、参与讨论，增强了民主参与意识和社会互动。

## 二、平台经济的共融新模式

中央财经委员会第九次会议指出，近年来我国平台经济快速发展，在经济社会发展全局中的地位和作用日益凸显。平台经济有利于提高全社会资源配置效率，推动技术和产业变革朝着信息化、数字化、智能化方向加速演进，有助于贯通国民经济循环各环节，也有利于提高国家治理的智能化、全域化、个性化、精细化水平。

### （一）共融新模式的发展

在数字经济时代，平台为经营主体提供了有序的规模化交易场所，促进了供需流动。数字经济平台构建了联动交互的经济形态，极大地改变了生产要素和价值创造方式，对资源调配和经济组织模式产生了重要影响。互联网作为媒介，数据作为关键的生产要素，新一代IT作为推动力，网络信息基础设施作为支撑，平台经济应运而生。

随着技术的不断改善，中国正迈向一个全新的数字经济阶段。这一阶段的特点是，数据驱使着各种资源的有效配置，促使着生产力的提升，从而形成了一个新的商机。平台经济依靠信息技术、网络协同、开放平台和数据驱动，通过整合、分析和预测数据信息，为消费者、企业和政府提供价值连接，推动各方形成有机互补的整体。数字经济带来的数据要素和技术优势,为我国产业结构优化升级提供了新机遇。

数字经济平台创造的价值体现在就业、消费和经济增长等方面。首先,数字平台在新增就业、优化就业结构和提升就业质量方面发挥着重要作用,催生新产业、新业态和新商业模式,带动新就业岗位增长,优化就业结构,改善工作条件。其次,平台经济通过链接更多商品和服务,提供搜索功能和个性化推荐,降低用户搜索成本,挖掘消费者需求,提升消费意愿。最后,数字经济推动了信息、通信和互联网产业的发展,促进了经济增长。然而,面对不断调整的世界经济结构和飞速变化的产业结构,数字经济平台的发展仍需进一步提升。

(二)共融机制的特征

随着前所未有的信息化、智能化、网络化的推动,平台经济已然成为当今社会的一种重要的商业模式,不仅极大地提升了企业的运营效率,也改善了消费者的体验,从而推动社会的可持续发展。

一是双边市场特征。平台企业一方面面对消费者,另一方面面对商家,众多参与者有明确分工。平台运营商负责聚集资源和合作伙伴,通过聚集交易和扩大用户规模,使各方受益,最大化平台、客户和服务价值。但平台企业可能利用其优势地位,产生垄断定价和捆绑销售等行为。

二是规模经济性强。平台企业可以通过引入新的竞争对手,以及采用新的策略,在竞争激烈的环境下,获得更多的发展机遇。这种情况下,平台企业可以通过提升自身的规模,降低交易成本,实现更好的经济效益,从而增强竞争力。

三是公共属性显著。平台经济涉及人们衣食住行的民生领域,公共服务提供者的属性特征突出。平台具有非排他性和非竞争性,呈现公共基础设施属性。尽管平台企业多由私人资本建设运营,但具有显著的公共属性。

四是数据要素重要。平台经济根植于互联网,基于新一代信息技术,以数据为生产要素进行资源配置,天然会产生大量数据。与此同时,平台企业之间的竞争越来越依赖于数据的利用和管理。

通过采用平台经济的模式,可以大大提升资源分布的有效性,降低交易的费用。市场经济的优势在于分散化决策,每个当事人根据自身约束条件追求利益最大化。然而,由于信息的不完整性和不对称性,市场经济中存在着道德风险和逆向选择,这些因素都会影响到市场价格机制的有效性。为减少这些问题,现代企业组织出现,尽管能降低交易费用,但也可能引发委托代理问题,导致增加运营成本,降低效率。

在大数据时代,海量数据的涌现改变了资源配置方式。人们选择依据的信息不仅包括结构化数据(如财务报表),还包括非结构化数据(如影视、图片)。获取和处理信息的能力大幅提升，使信息更加全面和精准，克服了传统资源配置中的信息和认知约束。

现代网络技术如区块链和智能合约通过去中心化，实现了机器信用替代社会信用，减少了委托代理成本，增强了分散化决策的作用。平台经济利用这些技术优势，提供更高效的资源配置方式，从而降低交易成本，创造巨大的数字红利。

### （三）平台共融的社会公共责任

数据生产要素的可持续利用与互联网平台的市场交易，前所未有地从技术上实现了降低交易成本、提高资源配置效率与扩大受益范围的契合，增加了全体社会成员在信息、生产、消费等全领域及全链条服务的扩展性、可及性和普惠性。然而平台企业不仅承担"to C"（个体消费者）功能，也承载大量的"to B"（商户和企业）功能，掌握海量用户信息和数据，为平台企业追求利润最大化和自我优待等机会主义行为留下了广泛的空间，极易造成安全、隐私、排斥和歧视等有悖公平、正义等公共价值的社会问题。数据来源于经济主体的经济活动和人的社会活动，是数字经济最重要的生产要素，合理地运用、开发和共享数据，能以数据初创时无法预见的方式在整个社会中产生收益。平台企业再生产、再开发和再利用数据时，应当重视对公共价值的促进，把安全、公平、发展等公共价值和提升社会总效益作为依归。平台经济监管制度创新必须权衡平台获取经济收益与可能存在的社会风险，通过监管促进数字、技术、网络的外部性内部化，培育平台的公共利益价值取向，使公共利益成为平台经济发展的重要价值承诺，提升平台经济发展的社会总效益。

当谈论平台经济和数据利用的公共价值时，还有许多值得深入讨论的方面。

一是隐私保护与数据安全。在数据收集、存储和处理过程中，如何保护用户的隐私成为一个极其重要的议题。制定合适的隐私政策和采用安全技术来保障用户信息的安全是平台企业的责任。

二是公平竞争与市场监管。在平台经济中，应该加强对市场的监管，避免垄断和不正当竞争行为。建立健全的市场规则能够保障所有参与者的公平权益。

三是数字鸿沟的缩小。尽管平台经济为很多人提供了参与经济活动的机会，但也要注意到一些人因对数字技术不熟悉或其他原因可能会被排斥在外，需要采取措施来确保数字包容性。

四是社会责任和可持续发展。平台企业应当担负起社会责任，积极参与公益活动和社会发展。此外，应该关注可持续发展，例如减少环境影响、支持社区发展等。

总的来说，平台经济的发展需要在追求经济效益的同时，充分考虑公共价值和社会责任，通过合理的制度安排和监管措施来引导其朝着健康、公正、可持续的方向发展。

### 三、共享经济的互通新模式

网络技术带来的所有改变和创新中，一种新的经济模式也开始逐渐走进人们生活并引起学者的注意。无论在发达国家还是在发展中国家，共享经济的形态现在广泛存在于人们的日常生活中，影响着社会化进程。

（一）互通新模式的发展

数字社会的共享互通模式是指通过数字技术和在线平台，实现资源共享、信息共享和合作共赢的社会模式。共享的新模式依托互联网、大数据等新型技术形成了一种新的供需关系模式，不仅改变了劳资关系和产权观念，还有效促进了消费者个人福利的增长，更注重人们合作意识的培养。

共享经济又被称为合作经济、分享经济、使用经济、对等经济、网格经济、协同消费或合作性消费。共享经济通过技术手段将人、物、信息、时间等资源重新分配和合理运用，主要以互联网为特征，通过搭建社会性的平台将这些资源与他人共享分配而获得特定收益的经济形式。通常来看，共享经济应具备信息、社会闲置资源、使用权、流动性及互联互通五大要素。在新时代，企业应该合理有效地利用共享经济所带来的优势，提高经济效益。

共享经济依托互联网、大数据等新型技术形成了一种新的供需关系模式，不仅改变了劳资关系和产权观念，还有效促进了消费者个人福利的增长，更注重人们合作意识的培养。在共享经济的推动下，交易结构发生了巨大的变化。与传统的商业模式相比，共享经济的发展使供需关系得到极大的改善，使消费者与生产厂家的时差变得更小，消费者可以更加自主地选择自己喜欢的物品，更加便捷地完成订单。消费者可以更加轻松地获取更多的信息，从而达到更好的市场效果。共享经济能够更好地协调社会资源的使用，并促进市场的快速发展，从而提升人们的生活质量。共享经济被认为是一种"去中介化"的模式，传统的巨大的中介市场被技术平台取代了。共享经济提高了资源的易使用性，从而减少了人们对所有权的传统需求，降低了社会消耗。

（二）互通参与者的组织方式

共享经济的商业模式在数字社会中展现出多样性和灵活性，供需双方扮演着关键角色。消费者通过租赁和共享实现资源的有效利用，生产者通过提供闲置资源或服务获取收入。这种角色的转换凸显了共享经济的灵活性和互动性。在这个时代，共享经济平台已成为一座桥梁，将供求两端联系起来。它既是一个交流的地点，也是一种利用最先进的技术与服务的渠道，让人们能够在这里获得丰富的商业机会。共享平台降低了交易成本，提高了交易的透明度和可靠性，促进了共享经济的发展和普及。这种商业模式不仅是简单的交易关系，更是一种基于共商、共建、共享、共赢理念的经济活动，为经济发展带来了新的活力和可能性。

一是共商。共商意味着平等协商和共同决策。在共享经济中，平台提供了一个让供需双方进行交流、协商和决策的场所。用户可以与平台、服务提供者及其他用户共同商讨服务的细节、价格、条件等，并共同制定规则和政策，以确保平台的公平和透明。在共享经济中，经济活动的交易方往往是具有一定影响力的个人或企业，他们通过提供或利用共享资源来实现交易。这些交易方可能是知名品牌、独立业主或普通消费者，其参与使得共享经济模式更加丰富和多样化。这种轻资产模式的商业模式注重有效地匹配供需需求，并通过维持用户忠诚度来确保交易的持续性和稳定性。

二是共建。共建强调参与和合作。共享经济中，用户不仅是服务消费者，还是服务参与者和共同建设者。通过评价、评论、分享、反馈等方式，用户参与平台建设和改进，打造更好的共享环境。消产者这一新兴概念指同时具备消费者和生产者属性的个体或企业，如小米操作系统用户既使用系统又参与定制和开发，推动了共享经济的发展，促进了创新和合作。

三是共享。共享指资源和利益的共同利用。共享经济通过平台让资源更充分利用，实现供需双方的共赢。用户可以共享闲置资源，如房屋、车辆、技能等，其他用户通过平台享受这些资源带来的好处，实现资源高效利用。任何个人或企业都可以成为共享供给方，关键在于是否拥有可共享的闲置资源，如物品、技能、时间或空间。共享经济的核心理念是最大化利用现有资源，实现资源共享和再利用，满足不同需求。

四是共赢。共赢指所有参与者共同分享成功和利益。共享经济的成功不仅体现在平台发展和企业利润上，更在于用户能获得更多选择、更好服务和更高满意度。通过共商、共享、共建，共享经济实现多方共赢，促进社会可持续发展。产消者是共享经济中的另一重要参与者，既具有生产者属性又能成为消费者，如房东通过爱彼迎（Airbnb）出租房屋获取收入，同时也可在平台上预订其他房东的房屋。在共享经济模式下，个人或企业通过生产和提供各种资源、服务或产品，同时从其他生产者那里获取所需资源或服务。产消者的出现丰富了共享经济参与主体，促进了资源有效配置和利用，推动了经济发展和社会进步。

（三）共享模式的新领域

这一模式涵盖了各个领域，包括共享经济、共享社交、共享知识等。一是共享经济。共享经济是数字社会中最突出的共享模式之一。通过共享经济平台，人们可以共享自己的资源和服务，如共享汽车、共享单车、共享住宿等。这种模式可以提高资源利用率，降低成本，促进社区共建和环保理念的传播。二是共享社交。在数字社会中，社交网络平台成为人们分享生活、交流观点的重要场所。人们可以通过社交网络平台分享照片、视频、文字等内容，与朋友、家人和同事保持联系。这种共享社交模式促进了人与人之间的沟通和互动，拓展了社交圈子。三是共享知识。数字社会中的在线教育平台、知识共享平台等为人们提供了学习和获取知识的新途径。人们可以通过这些平台学习各种知识和技能，与全球范围内的学习者和教育者分享经验和见解。这种共享知识的模式有助于知识的普及和个人成长。四是共享资源。数字社会中的资源共享模式包括共享办公空间、共享能源等。通过在线平台，企业和个人可以共享办公设施、能源设备等资源，提高资源利用效率，降低成本，促进可持续发展。五是共享文化。在数字社会中，人们可以通过在线平台分享文化产品和艺术作品，如音乐、电影、书籍等。这种共享文化的模式促进了文化交流和艺术创作的发展，丰富了人们的生活。数字社会的共享模式为人们提供了更多的选择和便利，促进了资源的共享和合作，推动了经济的发展和社会的进步。由于技术发展，一些新的挑战日渐凸显，比如网络安全、个人隐私保护等，必须由政府、企业以及社会各方协作才能有效应对。

## 四、竞合多赢的社会组织新模式

数字经济时代的竞争格局发生了根本性改变。均衡价格的形成时机不再存在，操作系统供应商只会有一个。这是一个新的范式，出现了竞合多赢的现象，即竞争与合作并存，开辟了市场。

（一）社会组织新模式

竞合多赢的社会组织模式是数字社会中一种新型的合作

模式，强调各利益相关方既竞争又合作、共同追求多方共赢的关系。这一模式与传统的竞争模式和合作模式相比，更注重长期合作、资源共享和互利共赢。

在竞合多赢的社会组织模式中，一是突出竞争与合作的双重性。这一模式强调竞争与合作的双重性，即各利益相关方之间不仅存在竞争关系，还具备合作共赢的潜力。在竞争激烈的市场环境中，企业、政府、非营利组织和个人可能是彼此的竞争对手，但同时也可以是合作伙伴。通过竞争，各方激发出更多创新和活力；通过合作，则能够共同解决问题、分享资源，实现多方共赢。二是注重长期合作与资源共享。不同于传统的临时合作模式，这种模式强调建立稳定的长期合作关系，以实现共同利益最大化。各方通过共享资源、知识和技术，共同应对市场挑战和社会问题，从而实现共同发展与繁荣。三是追求多方共赢。各利益相关方不仅关注自身利益，还关注整个生态系统的健康发展。通过协作与竞争相结合，共同努力和分享成果，推动社会组织和生态系统的持续发展。这种模式的成功不仅体现为单个利益相关方的获益，更体现在整个社会组织体系的稳定和繁荣。

竞合多赢的社会组织模式在数字社会中是一种新型的合作范式，其核心理念是在竞争与合作之间实现双重性，强调长期合作与共享资源，并以多方共赢为目标。在这种模式下，各利益相关方既是竞争对手，又是合作伙伴，通过竞争激发创新，通过合作共享资源，实现长期稳定的合作关系，从而推动整个社会组织体系的健康发展与繁荣。

（二）社会组织新模式的重要性

在数字经济时代，竞合多赢的社会组织模式成为一种新的经济、政治和社会博弈范式，代表了人类社会在竞争与合作之间找到的一种新的平衡点。这一模式在以下三个方面展现了其重要性和影响。

一是竞争与合作的平衡。在过去的经济模式中，竞争往往被视为主导，企业和国家之间的竞争往往是零和游戏，追求单一胜利者。然而，在数字经济时代，由于技术进步和全球化的影响，市场竞争格局发生了根本性的改变。传统的竞争模式不再适用，而竞合多赢的模式成为主流。企业和国家之间不仅竞争，更强调合作，共同应对挑战，实现多方共赢。例如，技术巨头之间可能在某些领域竞争激烈，但也可能在其他领域展开合作，共同推动行业发展。

二是市场开辟和生态共生。在竞合多赢的社会组织模式中，市场并不是一个封闭的竞技场，而是一个开放的生态系统。各方之间不仅竞争，还共同参与市场的构建和发展。这种开放的市场模式有利于促进创新和发展，吸引更多的参与者加入市场。随着时代的发展，各方之间建立起一种互惠互利的生态共赢关系，彼此依存、相辅相成，携手推动市场的可持续发展。

三是新的价值共创机制。在竞合多赢的社会组织模式中，价值不再是由单一的供应商或企业创造，而是由多方共同创造和分享。各方之间通过合作，共同创造新的价值，实现利益的最大化。这种共创机制推动了创新和发展，促进了经济的持续增长。开源软件社区就是一个典型的例子，各方共同参与软件的开发和改进，共享成果，推动了整个行业的发展。

总的来说，竞合多赢的社会组织模式开辟了一个新的市场范式，强调竞争与合作的平衡，促进了市场的开放和生态的共生，推动了新的价值共创机制的形成。在数字经济时代，这种模式将成为实现持续发展和共赢局面的重要途径。

（三）竞合多赢模式的应用

在数字社会中，竞合多赢的社会组织模式得到了广泛应用，尤其在跨行业、跨领域的合作中发挥了重要作用。

一是跨行业合作创新。在数字社会中，不同行业之间的合作变得更加频繁和紧密。竞合多赢模式为跨行业合作提供了框架和机制，各行业之间可以通过共享资源、技术交流和市场合作实现优势互补，共同推动创新和发展。例如，智能制造与物联网技术的结合，使得制造业与信息技术、通信技术等行业之间展开了深度合作，共同打造智能工厂和智慧城市等项目。

二是跨领域合作解决问题。竞合多赢模式也在不同领域之间的合作中发挥了重要作用。在面对复杂的社会问题和挑战时，各领域的利益相关方可以通过共同合作实现问题的解决。例如，环境保护领域中，政府部门、企业、非营利组织和学术界可以共同合作，制定环境政策、开展环境监测和治理，以应对气候变化、污染排放等全球性挑战。

三是经济持续增长与社会进步。竞合多赢的社会组织模式促进了经济的持续增长和社会的进步。通过跨行业、跨领域的合作，各利益相关方共同创造了价值，推动了产业升级和技术进步，促进了就业增长和经济发展。同时，这种合作也有助于解决社会问题，提升人民生活水平，推动社会的公平、包容和可持续发展。

## 第三节 数字社会的新型关系

数字社会的新型关系呈现了从传统的交易式关系到更为合作、伙伴式的关系转变。随着 IT 的飞速进步，社交网络、大数据分析、云计算以及更多新兴应用的出现，使整个社会的变革得以迅猛地实现。

### 一、从交易式到伙伴式的关系转变

从交易式到伙伴式的关系转变意味着人们在社交、商业等方面的互动更加基于共同利益和合作。传统上，人们之间的关系往往被视为一种交易，即一方提供某种价值，另一方付费获取该价值。然而，在数字社会中，由于信息和资源的流动更加便捷，人们更愿意建立长期的伙伴关系，共同探索新的机会和解决方案。这种伙伴式关系不仅存在于商业合作中，也延伸到社交网络、社区建设等方面。从交易式到伙伴式的关系转变在当代社会中具有重要意义，体现了人们在经济、社会和个人层面的价值观念和行为方式的转变，有助于建立更加稳固和持久的合作关系，推动经济的发展、社会的进步和个人的成长。

（一）商业合作的关系变革

传统的商业关系往往是基于单次交易的利益追求，即一方提供产品或服务，另一方支付相应的费用。这种关系主要注重短期利益，缺乏长期的合作和共同目标。相比之下，伙伴式的商业关系更加注重长期合作和共同发展。合作双方不再仅仅是买卖关系，而是建立了更深层次的合作伙伴关系。他们共享信息、资源和风险，在产品开发、市场拓展等方面展开密切合作，共同实现双赢局面。例如，在供应链管理中，企业与供应商之间由传统的交易关系转变为合作伙伴关系，共同优化供应链流程，提高效率，降低成本，共同应对市场风险。

首先，是从短期利益到长期合作的转变。传统的商业关系主要注重单次交易的利益追求，着眼于短期利益的最大化。然而，随着商业环境的变化和竞争的加剧，越来越多的企业意识到单纯追求短期利益无法持续发展。因此，他们开始转向伙伴式的商业关系，注重与合作伙伴建立长期合作的基础，共同实现长期的共同目标。

其次，是从买卖关系到深层次合作伙伴关系的演变。在传统的商业关系中，企业与客户或供应商之间往往只是简单的买卖关系，缺乏深层次的合作。然而，随着商业合作模式的转变，合作双方开始建立更为紧密的合作伙伴关系。他们不再仅仅是交易的参与者，而是共享信息、资源和风险的合作伙伴。这种深层次的合作伙伴关系有助于双方更好地理解彼此的需求和目标，从而更有效地实现合作。

最后，是从单方利益追求到双赢局面的转变。传统商业关系中，一方往往以牺牲另一方利益为代价来追求自身利益的最大化，这种零和思维导致了合作双方之间的竞争和矛盾。而在伙伴式的商业关系中，合作双方更加注重共同利益的实现，努力寻求双赢局面。他们通过共同优化供应链流程、市场拓展、产品创新等方式展开密切合作，实现了资源的共享和风险的分担，从而共同实现了双赢局面，促进了合作的长期稳定发展。

（二）社会合作的关系转型

传统的交易式社会关系常常体现为个体之间的独立交易和竞争，缺乏协作和共同利益的追求。这种关系基于利益交换，缺乏信任和共同价值观。然而，随着社会的发展，人们逐渐认识到个体的成功与整个社会的健康发展密不可分。因此，越来越多的人开始倡导伙伴式的社会合作模式，强调共同利益、目标和责任。例如，社会组织和非营利机构之间可以建立伙伴关系，共同解决社会问题，促进社会的可持续发展。这种合作模式有助于整合资源，提高效率，实现共同进步。

首先，社会关系从个体竞争向共同协作转变。越来越多的人倡导伙伴式合作，强调共同利益和目标。个体之间不再仅仅是竞争和利益交换，而是更加注重协作，共同实现社会进步。其次，合作基础从利益交换向共同价值观转变。通过共同价值观建立稳固的信任关系，有助于推动合作的深入和持续发展。最后，成功标准从个体成功向社会健康发展转变。通过整合资源和协调行动，合作伙伴共同推动社会进步，实现共同繁荣。

（三）个人关系的演变

在个人层面，传统的人际关系往往基于互惠交换和利益平衡。随着社会的变革，人们开始意识到建立真正伙伴式关系的重要性。

首先，从互惠交换到真诚信任的转变。传统人际关系建立在互惠交换和利益平衡的基础上，容易受到权力和地位的影响，缺乏真诚和信任。随着社会变革，人们开始意识到建立伙伴式关系的重要性。这种关系基于尊重、信任和共同价值观，不再仅关注短期利益，而是更注重长期的互助和支持。在工作场所，员工之间的关系从竞争转变为合作，相互支持，共同完成工作任务，实现个人和团队的共同发展。其次，从权力地位到共同价值观的关注。通过共同的价值观，人们建立了更加稳固和持久的关系，实现真正的互助和支持。最后，实现从短期利益到长期互助的转变。传统人际关系注重短期利益的追求，交往容易受到利益影响。而在伙伴式关系中，人们更注重长期的互助和支持，而非简单的利益交换。通过相互支持和协作，彼此共同成长和发展，实现长期的互惠和共赢。

**二、社会网络的融通机制**

社会网络的融通机制使得不同领域、不同群体之间的交流和合作更加容易。在数字社会中，人们可以通过社交网络、在线平台等渠道与全球范围内的人们建立联系，分享知识、经验和资源。① 这种跨界融通的机制促进了创新和合作，加速了信息的传播和共享，有助于解决复杂的社会问题。社会网络的融通机制在数字社会中起着重要作用，它促进了信息、资源和人力的跨界流动与共享，推动了创新、合作和发展。

（一）跨领域交流与合作

社会网络的融通机制使不同领域的人才和资源能够相互连接与交流。在传统组织中，各部门间往往存在信息壁垒，难以实现有效的合作。随着数字社会的发展，社交网络平台和在线协作工具的普及，不仅大大改善了跨部门、跨行业的沟通，也极大地拓宽了知识和经验的传播范围，为创新者提供了更多的可能性，也为解决复杂问题提供了新的思路和方

---

① 彼得·伯格、托马斯·卢克曼：《现实的社会构建》，汪涌译，北京大学出版社2009年版。

法。例如，不同学科领域的专家可以通过社交网络平台共同探讨跨学科问题，开展研究，促进科学进步。

首先，信息的无障碍流动在数字社会中得以实现。传统组织结构中的信息壁垒导致信息难以跨部门传递和共享。而社交网络平台和在线协作工具的普及使信息自由流动，跨部门、跨行业的交流变得更加便捷。这为各领域的人才和资源提供了交流平台，促进了知识和经验的传播。

其次，社会网络的融通机制促进了跨领域协作。通过社交网络平台和在线协作工具，不同领域的人才可以便捷地交流与合作。例如，工程师、设计师、市场营销人员等可以在社交网络上讨论产品开发方案，实现跨领域合作创新。这种协作为解决复杂问题和推动创新提供了新思路和方法。

最后，社会网络的融通机制推动了科学的跨学科研究。不同学科领域的专家可以通过社交网络平台共同探讨跨学科问题，开展研究。这种交流与合作促进了知识的交叉融合和跨界创新，推动了科学进步。例如，生物学家、化学家和工程师可以共同探讨生物医药领域的技术和应用，为医学研究和药物开发提供新方法。

（二）全球化人才流动与国际合作

社会网络的融通机制使人才和知识能跨越国界进行流动和交流。在数字社会中，人们通过社交网络平台建立全球性的关系，与来自不同国家和地区的人交流和合作，促进全球经济的融合与发展。国际合作项目通过社交网络平台实现跨国沟通与协作，加速项目进程，降低交流成本，促进经济合作。

首先，社交网络平台促进了人才的全球流动与交流。人们可以通过这些平台建立全球性的关系，与不同国家和地区的人员即时交流和合作，便利了全球范围内的知识和经验交流，促进跨文化合作。

其次，社会网络推动了知识的国际传播。社交网络平台使知识能够更快速、更广泛地在全球范围内传播。专家学者和行业从业者通过社交网络分享最新研究成果、行业动态和经验教训，促进各国之间的知识交流与共享，加速全球创新和技术进步。

最后，社会网络促进了国际合作与发展。社交网络平台使国际合作项目实现跨国沟通与协作，企业、组织和个人可以建立跨国合作伙伴关系，共同推动国际经济合作。这种合作模式加速了项目进程，降低了交流成本，促进了国际经济一体化和发展繁荣。

（三）公共资源共享与社区建设

首先，社会网络的融通机制使得公共资源能够更好地被共享和利用。在数字社会中，共享经济平台通过社交网络连接个人和组织，使得闲置资源能够得到更好的利用，如共享汽车、共享单车等。这种模式有效地利用了社区中的闲置资源，提高了资源利用效率，减少了资源浪费，为社区的可持续发展和环境保护作出了积极贡献。

其次，社会网络的融通机制推动了社区建设和共建。通过社交网络平台，人们可以便捷地组织社区活动、共享信息、解决问题，促进了社区成员之间的交流和合作。这种紧密的社区联系有助于增强社区凝聚力和归属感，激发了社区成员参与社区事务的热情，推动了社区的共建和发展。

最后，社会网络的融通机制促进了环境保护和可持续发展。通过社交网络平台，人们可以更加方便地分享环保信息、组织环保活动、共同解决环境问题。这种社交网络的环保行动有助于提高人们对环境保护的认识，形成广泛的环保共识，推动社会各界共同参与环境保护工作，实现环境保护和社会可持续发展的良性循环。

### 三、数字社会制度的共建

数字社会制度的共建是实现新型关系的关键。在数字化的时代背景下，传统的制度和规则可能不再适用，需要共同努力来构建适应新形势的制度和规范。[1] 这需要政府、企业、学术界及民间组织等各方合作，共同制定和完善数字社会的法律、政策和标准，保障数据安全和个人权利，促进数字经济的可持续发展。

数字社会制度的共建是指在数字化时代，各个社会成员共同参与制定、完善和执行适应数字社会发展需要的制度和规范。这种共建涉及政府、企业、学术界、社会组织和个人

---

① 道格拉斯·C. 诺斯：《制度、制度变迁与经济绩效》，杭行译，格致出版社 2008 年版。

等各个方面，共同努力推动数字社会的发展和进步。

（一）数据安全与隐私保护制度的建设

随着数字化进程的加速，数据安全和个人隐私保护成为数字社会中的重要问题。因此，数字社会制度的共建需要关注建立健全的数据安全和隐私保护制度。政府可以制定相关法律、法规和政策，明确数据的收集、存储、处理和共享规则，加强数据监管和执法力度。同时，企业也需要建立严格的数据安全管理制度，加强数据保护技术和措施，保障用户的数据安全和隐私权利。除此之外，社会组织和个人也可以参与制定行业标准，推动数据伦理和道德规范的建立，共同维护数据安全和隐私保护的利益。

首先，政府在数字社会制度的建设中起到关键作用。通过制定法律、法规和政策，政府可以规范数据的收集、存储、处理和共享，明确数据管理的责任和义务。政府应加强数据监管和执法力度，建立完善的数据安全制度和监管机制，保障数字社会的可持续发展。

其次，企业在数据安全和隐私保护方面负有重要责任。企业需要建立严格的数据安全管理制度，采用先进的保护技术和措施，确保用户数据的安全和隐私不受侵犯。此外，企业应积极履行社会责任，提升用户对数据安全的信任，推动行业内数据安全标准的制定和实施，共同维护数字社会的数据安全和个人隐私。

最后，社会组织和个人也应参与数字社会制度的建设。

他们可以积极参与行业标准的制定，推动数据伦理和道德规范的建立，呼吁社会关注数据安全和隐私保护的重要性。通过公众教育和意识提升活动，增强社会成员对数据安全和隐私保护的认知，形成全社会共同维护数据安全和个人隐私的良好氛围。

（二）数字经济发展与监管制度的建设

数字经济的快速发展对传统经济模式和监管制度提出了新的挑战。促进数字经济的健康发展，需要建立适应其特点的监管制度。

一方面，政府在监管制度方面发挥着关键作用。政府可以通过加强对数字经济平台和互联网企业的监管来规范市场秩序，防止不正当竞争和市场垄断现象的发生。制定和实施相关法律法规，建立健全的监管体系和处罚机制，有效监督数字经济领域的各类行为，维护市场公平竞争和消费者权益。政府还可以通过创新政策和财政支持来促进数字经济的创新和发展。鼓励企业增加研发投入，提高科技含量，推动数字经济产业链的完善和延伸。同时，为数字经济企业提供税收优惠政策和财政支持，鼓励其进行技术创新和市场拓展，促进数字经济的健康发展和经济转型升级。

另一方面，企业和行业组织也应积极参与监管规则的制定和完善。他们可以提供专业意见和建议，为政府监管部门提供技术支持和咨询服务，共同推动数字经济领域的监管规则与时俱进，确保监管措施的科学性和有效性。同时，企业还应自觉遵守监管规定，加强内部管理，提高自身合规水平，为数字经济的健康发展和市场竞争作出积极贡献。

（三）数字技术治理与国际合作制度的建设

数字技术的快速发展给国际社会带来了新的挑战，需要加强数字技术治理和国际合作，共同应对挑战。

首先，国际社会可以建立数字技术治理的国际合作机制，通过多边合作平台加强信息共享、技术合作和规则制定。这样的合作机制可以促进国际社会在网络安全、数据安全等领域的协调行动，增强应对数字技术带来的挑战的整体能力。

其次，政府、企业和学术界等各方也可以开展国际合作项目，共同研发新技术、制定技术标准并推广应用。跨国合作项目可以促进创新资源的共享和交流，加速科技成果的转化和应用，推动数字技术在全球范围内的普及和发展。通过开展合作项目，国际社会可以共同应对数字技术发展过程中出现的挑战，促进数字技术的全球化发展和应用。

最后，国际社会还应加强跨国界的政策协调和规范制定。通过制定统一的国际标准和规范，确保数字技术的发展和应用在全球范围内符合公共利益和社会价值导向，防止出现不当竞争和技术壁垒。同时，加强国际社会的政策协调可以提高数字技术治理的效率和实效性，为全球数字技术的健康发展和可持续利用提供更为坚实的保障。

第二章

# 数字社会的基础设施

现代社会经济体系的架构正从工业时代向数字时代转型，这一"技术–经济"范式的转换不仅重塑了技术基础、产业基础和制度基础，而且促进了新旧规则之间的协调与融合，为经济社会的数字化进程提供了新的动力。完善基础设施是经济社会长期可持续稳定发展的重要基础和保障。与传统基础设施相比，数字时代的基础设施实质上是在保障人流和物流的基础上增加了数据流，在确保安全的基础上，实现数据资产的价值化过程。数字社会需要构筑全新的基础设施体系。信息技术的创新正在加速数字技术从计算机、互联网向云物大智时代进军，进而向区块链、量子计算等更广泛的领域扩散，新的数字技术能力和技术体系正在形成。数字社会时代围绕数据的感知、传输、存储、计算、处理和安全等环节，衍生了技术性基础设施、制度性基础设施和安全性基础设施，形成支撑经济社会数字化发展的新型基础设施体系。

## 第一节　传统基础设施的数字化

传统基础设施的数字化转型是数字经济战略的关键组成部分。通过云计算、大数据、区块链、物联网等前沿技术的深度融合与应用，我们能够对交通、能源、通信等传统基础设施进行智能化升级，从而提高其服务效率和质量，推动经济社会的全面数字化发展。将数智化、网络化、平台化的方式叠加在原有物质型基础设施之上，使交通、能源、通信、市政、社会等领域的传统基础设施插上数字智能的翅膀，拓展传统基础设施数字服务空间和效率。

## 一、传统基础设施向数字化方向转型升级

传统基础设施的数字化是数字技术赋能传统基础设施的智能升级版。在数据驱动下，通过数字技术赋能水网、电网、能源网和交通网等传统基础设施，将传统基础设施网络由条块分割状态转化为协同共享的融合发展模式，达到在物理层融合、业态层创新及动力层耦合，实现结构网络化、功能高效智能化和运行平台化，形成广泛互联、智能高效、开放共享的融合型基础设施体系，是基础设施的高级形态和升级版。①借助规范性机制，可实现精准判断、实时感知、风险预警，提高传统基础设施的运行效率、管理效率和服务能力。

在新型基础设施建设中，我们特别强调"通"与"数"的重要性，即信息互联互通和数据存储与处理，这两者是推动基础设施转型和支撑数字经济发展的关键领域。一般认

---

① 刘佳骏：《融合基础设施让"传统"走向"智慧"》，《中国城乡金融报》2020年6月5日。

为，基础设施数字化转型以信息网络为基础，利用新一代数字技术，围绕数据的感知、传输、存储、计算、处理和安全等环节，是包括信息基础设施、融合基础设施和创新基础设施在内的新型服务性基础设施体系。基础设施的数字化转型是经济社会发展新供给与新需求的重要载体，通过促进资源的高效配置和产业的深度融合，为经济的持续健康发展提供强大动力。在科技变革与技术进步的历史进程中，基础设施的内涵、外延与功能也将随之革新和拓展，与传统基建相比，基础设施数字化转型不仅对人类生产生活方式产生巨大影响，在新旧基建交替、发展与革新的过程中也将重塑经济格局与产业分工。

数字基础设施的转型是推动经济增长的新引擎，不仅加速弥补现有发展短板的进程，而且通过促进产业升级和创新，为经济社会的全面进步提供了坚实的基础。在当前我国经济转型升级的背景下，基础设施建设采取了新老并重的策略，以支撑数字经济的快速发展，不仅体现了对传统基础设施现代化改造的重视，也彰显了对新兴数字基础设施建设的前瞻布局。传统基建提供稳固的基础，新兴基建则通过创新驱动发挥更大的作用。新型基础设施与传统基础设施的融合，不仅体现了传统与创新的有机结合，更是推动了数据作为关键生产要素的广泛应用，促进了数字产业化和产业数字化的进程，为中国经济的高质量发展注入了新的活力。一方面，传统基建为新基建提供了必要的基础支撑，保障了新技术的落地和应用；另一方面，新基建则通过技术赋能，提高了传统基建的效率和效益，推动基础设施的整体升级和现代化。从各地的重大项目规划来看，地方政府在推动基础设施建设时，既重视传统项目的推进，也积极布局新兴领域。传统基建项目在规模和投资上仍占据主导地位，但新基建项目的数量和投入也在不断增加，显示出强劲的发展势头。传统基建与新基建的双轮驱动战略，激发出一系列新动能，不仅推动了经济结构的优化升级，也为实现经济高质量发展提供了强有力的支撑。在新老基建并重的发展思路下，传统基建继续提供稳定支持，新兴基建则通过创新驱动释放出新的增长潜力。这种协同发展的模式不仅提升了基础设施的整体水平，也为我国经济的持续健康发展注入了强大动力。

## 二、传统基础设施数字化支撑传统产业迭代升级

能源、交通等关键领域通过积极采纳新一代数字技术，不仅催生了自动驾驶、车联网、绿能数据中心等创新应用，还加速了智慧能源、智慧交通等新兴产业的发展，为经济社会的数字化转型注入了新动力。加快智慧能源、智慧交通、智慧水利等新兴产业发展，通过发挥"互联网＋"的数字化优势和"＋互联网"跨产业集成优势，广泛赋能传统产业，对经济社会发展发挥颠覆性的叠加、倍增效应。

（一）基础设施数字化催生未来智慧交通

在新一代数字技术的推动下，传统交通基础设施正在经

历一场深刻的革命性变革，这场变革不仅涉及技术的更新换代，更关乎交通系统运行效率和服务质量的全面提升，为构建智慧交通体系奠定了坚实基础。海、陆、空立体式交通网的数字化连接使得不同交通工具之间能够实现互联互通，为用户提供了全新的出行及服务体验，让门到门的出行智能管理成为可能。数字技术的融合为传统交通网络注入了新的活力，使得整个网络变得更加智能、高效。这种技术的注入就像给有形的路网插上了无形的网络支持，为交通运输行业注入了新的活力和动力。立体化、全方位的互联互通不仅促进了车辆和道路之间的协同，也带来了整个交通网络的智能化升级。这一变革不仅停留在基础设施层面，还将传统交通行业带入了数字化转型的新时代。从基础设施到载运工具，再到运输服务，整个产业链都在向数字化转型迈进。这一转型不仅提升了交通运输系统的整体性和系统性，还为交通行业带来了更加高效和智能的未来，为城市交通和物流带来了新的可能性。

（二）基础设施数字化带来能源产业数字化革命

5G、工业互联网、数据中心和人工智能等数字基础设施的快速发展，正与能源基础设施实现深度融合。这一融合不仅推动了能源系统的数字化转型，也为构建智慧能源体系提供了强有力的技术支撑。新型能源互联网基础设施正在逐步崭露头角，这一融合不仅使能源和数据两大要素得以互相借力，还将数字化和智能化赋能于传统能源系统，形成了智慧能源信息-物理融合的崭新局面。这种深度融合将推动一系列新技术的涌现和应用,其中包括能源大数据、能源区块链、5G能源信息网等,为能源产业的转型升级提供了坚实的技术支撑。新型能源互联网基础设施的建立将实现能源系统内外多元主体的开放接入和广泛互联,进而促进能源生态圈的构建。这将为新业态与新模式的形成提供有利条件,进一步提升资源配置的效率和灵活性。在这一背景下,建立端到端的分布式双向能源系统,旨在打造系统集成、去中心化、绿色高效、多能互补、储能与智能控制的新型能源基础设施。这将引领能源产业的革命性变革,为构建更加可持续、高效的能源体系作出了重要贡献。

(三)基础设施数字化支撑智慧水网

融合基础设施应用到水资源管理的场景中,实现物理水网、信息水网与业务水网的贯通,构建天地一体化水利感知、分析、监测、预警及决策的智能水网。[①] 在物联网、大数据、云计算、区块链构建的技术性数字基础设施支撑下,精准获取和分析水量水质变化,充分挖掘水数据价值,通过水资源数据兼容共享和联动响应,完成对水源、水质、水量的实时监控和实时调度,实现以水数据为核心驱动的水务行业商业模式和产品服务创新,实现向数据驱动的水务管理模式转变,构建水资源天地一体化立体组网。围绕水数据从采

---

① 赵丽:《如何加快传统基础设施向"新基建"融合基础设施转变》,《互联网天地》2020年第6期。

集、传输、存储、共享和应用的全链条展开，包括水循环立体信息全面精准感知、多源监测智能组网与动态优化、多源水信息融合与同化、水利及水务大数据组织与知识挖掘等①，在应用终端，实现集水务行政许可、实时监测、动态执法、应急指挥、预警调度于一体的集成应用。

（四）基础设施数字化支撑社会治理智慧化

智慧城市的建设作为数字社会基础设施的重要组成部分，其核心在于集成智能传感器、智能检测、人工智能（AI）和云计算等先进技术。这些技术的集成不仅提升了城市管理的智能化水平，还增强了城市的应急响应能力和适应性，为居民提供了更高质量的生活环境。这些技术的融合在智慧城市中起到了至关重要的作用。通过数据的采集和分析，我们可以全面了解城市的运行状态，构建城市感知与决策系统，打造"城市大脑"的智慧城市管理平台。这一平台能够显著提高城市管理的智慧化水平和应急管理能力，增强城市的韧性和适应性。未来的智慧城市建设将主要集中在城市感知设施和综合智慧管廊的建设上。具体来说，通过城市感知设施和综合智慧管廊的结合，全面提升城市基础设施的智能化水平。城市感知设施包括各种智能传感器、智能检测设备，以及 AI 和云计算平台。这些设施能够实时监控和分析城市运行中的各种数据，及时发现和解决潜在问题。在建

---

① 许正中、李连云、刘蔚：《构建水资源数联网 创新国家水治理体系》，《行政管理改革》2020 年第 9 期。

设过程中，需要统一规划和建设涉及杆柱、管道等城市感知设施的载体，形成一个多功能的信息感知设备网络。通过统筹规划，将各种信息感知设备集成到统一的城市感知设施中，避免重复建设和资源浪费。同时，还要构建一个城市统一的杆塔信息平台，通过这一平台，实现城市感知设备的集中管理和数据共享，进一步提升城市智慧化管理的水平。在实际应用中，智慧城市的感知设施可以覆盖交通、环境、能源、水务等各个领域。例如，在交通管理方面，智能传感器可以实时监控交通流量，通过 AI 分析提供优化的交通管理方案，减少交通拥堵，提高交通效率。智慧管廊的建设则是智慧城市基础设施的重要组成部分，智慧管廊将城市中的各种管线集成到一个统一的地下空间，通过智能监控系统进行实时监测和管理，避免管线破损和泄漏等问题，提高城市基础设施的安全性和可靠性。总之，未来的智慧城市将更加智能、高效和可持续，为城市居民提供更高质量的生活环境，推动城市的可持续发展。

### 三、发掘数字化要素潜力，推动数字化转型生态建设

经济社会的数字化转型的关键在于深化数字技术与基础设施的融合，推动其在经济社会各领域的广泛应用。这一转型不仅促进了新业态和新模式的发展，还为传统产业的升级提供了新路径，是推动经济高质量发展的重要驱动力。传统基础设施的数字化不再只是简单的技术更新，而是为了培育

新的商业模式、产业形态和经济结构，从而推动新旧动能的转换，进而全面推进数字生态系统的建设。在这个过程中，信息流成为推动资金、物资、人才和技术流动的重要驱动力，从而提升了产业市场的竞争力和整体发展水平。数字化转型的影响不仅仅局限于技术方面，它更是产业变革和市场重塑的重要动力。通过数字化，传统基础设施焕发出了新的活力，为创新和发展创造了更加有利的条件。同时，数字化还为新兴产业的崛起提供了广阔的空间和机遇，推动经济社会向更加数字化、智能化的方向不断迈进。因此，经济社会数字化转型被认为是推动产业结构升级、提高经济发展质量和效益的关键路径之一。

第一，基础设施数字化与传统基建在服务对象、投资回报、投资主体和社会经济效益这四个方面存在显著差异。从服务对象来看，传统基建主要面向人流和物流，为人员流动和货物贸易提供便利；基础设施数字化则侧重于信息流和资金流的优化和管理。从投资回报的角度，传统基建通常需要大规模投入且回收期较长；相比之下，基础设施数字化的投资规模可以灵活调整，且通常回报周期较短。在投资主体方面，传统基建项目大多由政府主导投资，或者政府承担最终责任；基础设施数字化更多依赖市场主体的自主投资，投资者需自行承担风险和收益。在社会经济效益方面，在当前传统基建效益递减的经济背景下，推动基础设施的数字化转型有助于中国在第四次工业革命中占据引领地位。通过加快基础设施数字化进程，中国能够更好地应对全球科技变革和经济转型的挑战，实现经济的高质量发展。

第二，数字化转型的主要内容是最终实现要素、过程和产品的数字化。相较于传统生产要素，数据要素能够无成本地促进经济增长，数据要素带来的技术革新能够进一步地融合其他生产要素，推动产业发展。数字化手段能够精准控制生产过程并对其进行管理，大幅提升工业互联网平台设备链接和产业赋能能力，提高整体生产效率。产品的数字化转型不仅仅是简单的技术升级，而是通过数字化手段推动创新链、产业链、资金链和政策链的精准对接，使得数字化技术能够真正落实到具体产品上，从而畅通产业创新的各个环节。在创新链方面，产品数字化转型促进了研发和设计的智能化，利用大数据、人工智能等技术手段，使产品设计更加符合市场需求，加速了从概念到商品的转化过程。在产业链方面，数字化技术提升了生产制造的效率和灵活性，通过物联网和工业互联网，实现了生产设备和生产流程的智能化和互联化，从而优化了供应链管理，提高了生产效率和产品质量。资金链的优化则是通过数字化转型提高了资本的使用效率。数字化技术能够精准分析市场需求和生产能力，帮助企业更好地进行资金分配和风险控制，提升了资金的流动性和安全性。同时，数字化产品的出现也吸引了更多投资者的关注，推动了更多资本的进入和循环。政策链的对接则体现在数字化转型为政策制定和实施提供了数据支持和技术手段。通过数字化技术，政府能够更准确地掌握产业发展动态和企业需求，从而制定更加精准和有效的政策措施，推动产业健康发展。

在数字经济时代，数据已成为关键的生产要素，其价值创造和资源配置的能力日益凸显。合理利用数据要素，不仅能够推动产业的数字化转型，满足经济社会发展的重大需求，还能促进数据资源化、资产化和资本化，为构建现代化经济体系提供坚实的支撑。首先，5G信息高速公路的快速建设成为推动数字经济发展的关键一环。光通信产业在这一进程中发挥着重要作用，从芯片、器件、模块到系统、网络、光纤光缆，再到5G小基站建设等上下游产业链的创新发展，都为整个行业的升级和进步注入了新的活力。这种全方位的技术创新和产业链的完善，为数字经济的发展提供了强有力的支撑。高速泛在的网络不仅加速了新基建中信息高速公路的构建，也为各种软硬件的应用创新、工厂升级和城市转型提供了坚实的基础。随着5G网络的普及，各行各业都将迎来更加智能、高效的发展机遇，进而推动数字经济的深入发展。其次，大数据中心的建设是夯实数字经济基础的另一个关键方面。通过全国一体化大数据中心建设重大工程的实施，推动了身份认证、电子证照、电子发票等应用基础设施的建设，进一步完善了全国一体化政务服务平台和国家数据共享交换平台的构建。这一举措不仅加强了政务服务的便利性和效率，也为全社会的数字化转型提供了强有力的支持和保障。大数据的应用和共享将为各行业提供更加精准、高效的服务和决策支持,助力数字经济持续健康发展。这些措施将为数字经济的发展提供强大的支撑和保障。深入实施工业互联网创新发展工程,推动制造、商贸流通等经济社会重点领域数字化转型。最后,"人工智能"构建智能产业链。促进人工智能与制造业深度融合,全面提升制造业智能化水平。推动智能制造、智慧城市、智慧物流、农村电商发展,加大汽车、绿色智能家电等消费金融支持,推动产业链联合创新。开展人工智能产业集群培育工程,构建具有国际竞争力的人工智能新兴产业集群。

数字经济是现代化经济体系中的引擎,通过广泛应用数字技术,迅速推动整个实体经济环境的转型升级。推动基础设施数字化,加速数字经济新业态新模式蓬勃发展,链接全球创新资源,推动数字技术与传统基建深度融合,构建以数据为关键要素的数字经济。加快布局区块链技术发展,与经济社会融合;发展数字经济应当以促进、保障和改善民生为核心目标。以人为本,推动社会各领域的应用与发展,同时建立人才交流平台,完善高水平人才培养体系。此外,基础设施数字化需要承载保障国家安全方面的能力,且基础设施数字化本身需加强安全保护措施,确保数字基础设施安全平稳可靠运行。

## 第二节　技术性基础设施

在全球化经济背景下,新一轮数字革命和产业变革加速演进，技术性基础设施成为我国经济发展的重要支撑力量。当前，我国技术性基础设施的建设规模有待进一步提升，数字技术发展仍有重大发展机遇。因此，我国亟须加快布局新型数字技术性基础设施，推动传统产业数字化转型，进一步释放经济增长动能，在新一轮技术革命中掌握话语主动权。

## 一、技术性基础设施的内涵

技术性基础设施既具有传统基础设施的属性，又包含知识产权、共性技术、基础技术和专用技术等技术性基础设施，是指具备组织能力、能够为国家和城市提供基础技术服务的设备、设施和结构，具体包括：现代能源设施，如太阳能电池板和电池系统及农业技术（利用太阳能提取淡水和种植作物的海水温室）；先进的交通技术，如高速列车或空中交通控制系统；智能城市，提高生活质量和城市复原能力的基础设施，如地震预警系统；建筑技术，如办公大楼的智能窗户或数据中心的冷却系统；支持空间计划的基本系统、硬件和运载工具；电信，连接地区、国家和城市的基础网络、通信服务和设备；网络，组织规模上的基础网络服务，如数据中心中的路由器和交换机；计算硬件，如计算单元和数据存储设备；操作系统，使用硬件的基础软件；数据库，用于存储和使用数据的软件；信息技术服务，基础IT服务，如用于确定设备位置的精确位置指示器（API）；平台，软件服务、系统和应用程序（如云平台物联网）的环境。通过互联网服务扩展的物理事物（一般指非技术性基础设施，如桥梁），随着时间的发展往往会成为技术性基础设施。例如，未来的桥梁可能被设计成通过实时计算和抵消力来保护自己不受地震影响。

依据对技术性基础设施的界定，可以简要地分析其基本特征如下。

其一，数字基础设施是技术性基础设施的核心。在当前新一轮技术革命和产业变革的浪潮中，我们正积极致力于搭建未来产业发展所需的基础设施框架。推进数字基础设施的建设与实施，提升企业或产业的技术能力，将有效增强国家的核心竞争力。随着科学技术的不断进步，数据驱动创新已经成为推动发展的不可或缺的重要动力之一。数据驱动不仅可以显著提升全要素生产率，还能有效推动社会治理的创新。在数字基础设施建设方面，包括网络通信、云计算、大数据中心等关键领域的发展与完善。这些基础设施的建设不仅为企业和产业提供了更强大的技术支持和丰富的数据资源，也为创新和发展提供了广阔的空间。同时，数字化转型也推动了生产方式、组织形式和管理模式的深度变革，加速了经济社会的数字化进程。数据驱动创新的重要性日益凸显。通过对海量数据的收集、分析和应用，企业和机构能够更准确地把握市场趋势、消费者需求和行业动态，从而及时调整策略、推出创新产品和服务。同时，数据驱动还可以为社会治理提供更精准、高效的手段，通过数据挖掘和分析，实现资源的合理配置、问题的及时解决，推动社会管理方式的智能化和现代化。因此，数字基础设施的建设和数据驱动创新的推进不仅是企业发展的需要，也是国家经济发展和社会进步的关键所在。随着数字经济的持续发展，我们将迎来更加智慧和繁荣的未来。

其二，技术性基础设施将优先布局在以城市群为代表的人口流入地。观察我国人口的空间分布，可以明显感觉到我国城市化进程正在迅猛加速。截至2023年的数据显示，我国的城镇化率已达到了66%，尽管这一数字已经取得显著进展，但与发达国家的平均水平相比，仍存在一定差距，后者约为80%。预计到2030年，我国的常住人口城镇化率将进一步提升至71%，这预示着城市化和人口向大城市集中的趋势将持续增强。技术性基础设施作为公共产品，具有集体共享、特殊定制和与产业能力相关的服务体系特征，主要目的在于提升企业或产业的技术水平和竞争力。随着城市化进程的加速，技术性基础设施的重要性日益凸显。这些基础设施不仅提供了高效的服务网络，还为企业和产业的创新和发展提供了可靠的支持。特别是在数字化转型的潮流中，技术性基础设施更是扮演着关键的角色，为数字经济的茁壮发展奠定了坚实的基础。随着技术不断进步和城市化进程的持续推进，技术性基础设施将继续成为我国经济发展和社会进步的重要推动力量，为实现经济增长和社会繁荣作出积极贡献。

其三，技术性基础设施重塑产业结构与商业生态的新框架。新型技术性基础设施相较于传统基础设施展现出了巨大的优势。它们不仅是单一技术或设备的更新换代，更是一种全新的产业生态和商业模式的孕育和培育。通过提升创新链、产业链和价值链的水平，新型技术性基础设施优化了产业结构，促进了生产要素的高效配置，同时也完善了商业生态，为更多更好的产品和服务的开发提供了广阔的空间。这种优势不仅体现在经济效益上，更重要的是满足了人们日益增长的美好生活需求。新一代数字技术的涌现将互联网集感知、传输、存储、计算、应用于一体，形成了全新的网络系统，这有力地促进了数字化与智能化、互联网与物联网的协同融合发展。这种融合不仅仅是技术层面的整合，更是对人类社会生活的全方位赋能。从智慧城市到智慧工厂，从智能交通到智慧医疗，新型技术性基础设施的应用正渗透到各个行业、各个领域，推动着整个社会向着数字化、智能化的方向迈进。随着科技创新活动的不断推进，新型技术性基础设施已不再是企业、科研院所、高校等单独的行为，而是整个社会共同努力的结果。它们的建设和应用需要政府、企业和社会各界的积极参与和合作。只有通过广泛的合作和共建共享，我们才能更好地利用新型技术性基础设施，促进社会经济的发展和人民生活的改善。

## 二、技术性基础设施成为新的主导产业

数字社会中，数据成为重要生产要素，驱动经济发展，

技术驱动发展范式持续创新。利用技术变革导致市场、商业模式和日常运营发生转变，数字经济涵盖了从传统技术、媒体和电信行业到新数字行业的方方面面，包括电子商务、数字银行，甚至传统行业，如农业、采矿业和制造业，这些行业正受到新兴数字技术应用的影响。数字经济社会发展条件下，技术性基础设施的建设和利用成为中国经济高质量发展的基础依托。

首先，技术性基础设施是不断进步的，其最凸显的特征是技术创新性强。技术性基础设施的创新性表现在创新范畴的外延不断扩大。在经济社会发展的过程中，技术不断更新、升级与迭代，随着数据成为新的生产要素，新的技术也不断地渗入经济社会的方方面面。作为经济增长的新引擎，技术性基础设施在将技术与经济生活不断融合的过程中提高生产效率，也因活跃的创新要素而不断扩展技术创新的外延。加强技术性基础设施的建设与应用，未来我国应在技术进步速度方面超过竞争对手，以技术支撑综合国家治理，支撑产业效能提升和产业催化速度，研发掌握颠覆性、战略性技术，重构全球创新版图。

其次，技术性基础设施建成后维护成本较高。支撑任何移动 IT 系统的技术性基础设施不仅包括具有适当软件和操作系统的移动设备，还包括用于传输数据的可靠移动网络和协议。技术性基础设施建设周期长，所需费用庞大，作为基础性资产的投资周期也较长，投资收益不确定性较大，且由于技术迭代及数据更新速度更快，技术性基础设施建成后维护成本也较高。网络连接和高带宽很重要，因为网络连接缓慢或经常中断会影响提供给用户的信息质量。技术本身的安全保障也很重要，基础设施应在处理大量数字信息的基础上，识别和评估风险并制订计划以最小化或控制这些风险及其潜在影响。

最后，技术性基础设施不仅是其他产业发展的支撑平台，还包括支持提供技术服务所需的一系列活动、流程、工具和机构职能。其中包括技术标准的制定，资源清单的管理、培训、数据分析、技术监测等。通过不断优化技术，可以改善通信效率、提高生产效率和生产力水平。传统的IT基础设施主要由常见的硬件和软件组成，例如设施、数据中心、服务器、网络硬件、台式计算机及企业应用软件解决方案。通常情况下，这种基础设施需要较多的电力、物理空间和资金支持。它们通常部署在本地，仅供公司或私人使用。云计算IT基础设施与传统基础设施相似，但最终用户可以通过互联网访问这些基础设施，无须在本地进行虚拟化或安装计算资源。虚拟化连接由服务提供商维护在一个或多个地理位置的物理服务器，然后将资源进行划分和抽象化，使用户几乎可以在任何可以建立互联网连接的地方访问它们。

### 三、技术性基础设施促进智能化数据互联

下一代互联网的目标是通过抽象和自动化，在所有参与

者或数据中心之间自发地启用任何所需的带宽。为此，需要对现有技术进行进一步开发，此外，还必须构思集成基础设施、软件和服务的新方法。高效的数据处理变得越来越重要，而这也是技术性基础设施构建社会运行平台的必要性。

统一规范数据标准。数据标准是关于数据的表示、格式、定义、结构化、标记、传输、操作、使用和管理的书面协议。数据标准实现了透明度，是提高数据质量的一个非常重要的部分，数据标准的使用可实现数据元素及其元数据的可重用性，减少系统之间的冗余，从而提高可靠性并降低成本，通过提供允许的代码集的维护和管理来确保代码集使用的一致性，评估国家商业实践与国际规范和标准的契合度。

加强数据安全管理，保障关键基础设施安全性。数据安全是指在数据的完整生命周期中保护数据免受未经授权的访问和损坏的过程。这种保护措施涵盖了数据加密、散列、标记化及密钥管理等实践，旨在确保各种应用程序和平台上的数据安全。全球各地的组织都在大力投资信息技术网络安全能力，以保护其关键资产。企业无论是需要保护品牌、智力资本和客户信息，还是需要为关键基础设施提供控制，事件检测和响应以保护组织利益的手段都具有三个共同要素：人员、流程和技术。数据安全工具和技术必须应对当下日益复杂、分散、混合及多云计算环境中不断增长的挑战。其中包括了解数据所在的位置、跟踪谁有权访问它及阻止高风险活动和潜在危险的文件移动。综合数据保护解决方案具有集中式监控和策略性执行等特点，帮助企业有效简化工作内容，包括数据发现和分类工具、数据和文件活动监控、漏洞评估和风险分析工具及自动合规报告。

推行数字化生态，助力可持续发展。数字生态系统由供应商、客户、贸易伙伴、应用程序、第三方数据服务提供商和所有相关技术组成，关键在于可互操作性。从提取基本资源到 IT 组件、组装、运输、使用和最终处置，IT 工具都会产生污染。由于用途的增加和密集化及全球数字技术的大规模民主化，这个问题在绝对方面和相对方面都在迅速增长。

## 四、技术性基础设施牵引行业转型

数字技术已融入发达国家的经济和社会生活结构，并且是新兴工业化国家投资的主要焦点，是全球竞争的关键部分。数字技术和交互式多媒体应用为将现有的社会和经济关系转变为数字社会提供了基础。这种数字社会被认为导致了产业结构和社会关系的范式转变，就像工业革命改变了当时的农业社会一样。它有望刺激经济增长和生产力，创造新的经济活动和就业机会。此外，预期通过数字社会将产生一些社会效益，包括改善教育机会不平等现象、改善保健服务和其他社会服务，以及提高获得文化和休闲的机会。与其他技术变化不同，数字技术的迅速发展和扩散以及交互式多媒体应用的出现，有可能影响所有经济部门、组织和工作结构、公共服务、文化和社会活动。

积极布局，搭建起量子通信技术的基础设施。量子通信作为量子信息传输的重要领域，具有颠覆性的潜力，能够在安全、计算和传感器领域带来根本性的改进。中国科学家已建立了全球首个综合性量子通信网络，结合地面光纤和卫星链路，为全国用户提供长达4600公里的量子密钥分发服务。与传统加密方法不同，量子通信的安全性基于量子密钥分配（QKD）技术，利用粒子的量子态，例如光子，来生成密钥，任何窃听者的干预都会立即被察觉，因为它会改变密钥串。这些创新举措将推动量子通信技术在各领域的应用，并为未来的安全通信提供坚实的基础。

此外，技术性基础设施的建设不仅能够催生人工智能、机器人、虚拟现实、自动驾驶汽车和生物技术等新兴产业，还能推动这些产业的颠覆性创新。颠覆性创新的实现需要技术支持、创新的商业模式及连贯的价值网络。在这一过程中，技术性基础设施的角色至关重要，它们不仅提供了技术支持和平台，还为创新提供了必要的环境和条件。除了推动新兴产业的发展，技术性基础设施的建设还促进了供应链和分销渠道的高效运作。通过创建高效的供应链和分销渠道，产品或服务能够更快速高效地流通到市场上，满足消费者的需求。这种流通效率的提升不仅增强了市场竞争力，也为消费者带来了更好的购物体验和服务品质。最重要的是，技术性基础设施的创新和发展过程为个人创造了更多的就业机会。随着新兴产业的不断涌现和发展，对各类人才的需求也在不断增加。因此，技术性基础设施的建设不仅扩大了就业市场，也为经济的可持续增长注入了活力和动力。这种持续的创新和发展势头将为社会带来更多的发展机遇和福祉。

## 第三节　制度性基础设施

人类进入数字时代，虚实空间的互构使社会发展从对接走向渗透融合，由物理世界的"固态"转向数字化重建的"液态"社会，治理模式由局域走向全域的数字社会治理逻辑，赋予了国家治理体系的现代性与"超现代性"的双重面向，带来了数字时代的法制范式转型，[①] 法律需要考虑围绕技术标准、数据治理及网络空间治理等相关制度和机构设置，以提供高效和全面的制度规范，[②] 强化数字经济治理的法制保障。同时这也带来了治理空间的拓展，推动了秩序形态由算法与代码规制，社会体系架构也逐渐走向泛在融合化，制度性基础设施成为数字时代秩序的保障。

### 一、制度性基础设施的内涵

制度性基础设施就是适应社会经济发展的各种标准、法

---

[①] 马长山：《数字社会的治理逻辑及其法治化展开》，《法律科学（西北政法大学学报）》2020年第5期。

[②] 赵鹏：《数字技术的广泛应用与法律体系的变革》，《中国科技论坛》2018年第11期。

律法规体系及相关的具有约束力的管制机构，以此来约束、协调社会经济发展的一整套上层建筑，是维持一个市场系统正常运作的制度框架。这个框架最重要的两根支柱分别是适应市场经济的各种标准、规则和法律法规，以及受法律法规约束的政府及其管制机构。

数据成为重要的生产要素，对于数据治理涉及对产权界定、竞争机制、风险分担机制及保证这些机制正常运作的法律体系和管制机构。① 数据要素与传统要素相比具备新的属性。第一，数据既具有私人产品属性又具有公共产品属性。作为私人产品，其反映着个体自然人的姓名、肖像、隐私等人格利益；通过隐私计算的海量个人数据，转化为可用而不可见的大数据，具有公共产品属性，这些大数据涉及经济发展、社会安全等社会公共利益及国家主权。第二，数据具有权属分离特性，在数据生成过程中涉及多个主体。第三，数据消费及生产的过程具有网络效应、综合效应等正外部性。数据的上述特征使数据价值化的全生命周期管理过程中存在诸多痛点和堵点。因此，需加快数据确权、数据出入境交易安全、数据分类分级的划分标准和数据有效监管等制度体系建设，提高数字生产要素效率的制度保证，② 加快数据资产

---

① 王保乾、李含琳：《如何科学理解基础设施概念》，《甘肃社会科学》2002年第2期。

② 杨虎涛：《数字经济的增长效能与中国经济高质量发展研究》，《中国特色社会主义研究》2020年第3期。

化、通证化发展，打造数据要素的规范化应用生态。

当前全球网络治理正处于从分散治理到统一治理、从低级治理向高级治理过渡的阶段，例如美国的域名规则决定了其国际网络话语权和网络霸主地位。顶级域名和地址的分配标准是决定互联网有序运行的关键。20 世纪 90 年代初，美国政府利用市场化方式运作并掌握着互联网域名规则，将互联网顶级域名系统的注册、协调与维护的职责交给了美国网络解决方案公司（NSI），将互联网地址资源分配权交由互联网名称与数字地址分配机构（ICANN），逐渐发展为广泛认知的"多利益攸关方"模式。① 美国以 ICANN 为起点，通过划定域名资源的产权，不断强化网络空间的商标权保护制度，建立了包括统一域名争议解决、反对与争议解决程序和域名的统一快速终止程序、商标授权后争议解决程序等制度，使其成为美国的"私有资源"。

这一案例展示了制度性基础设施在实际应用中的功能和重要性，体现了制度性基础设施不仅是一系列抽象的规则和标准，更是能够实际影响和塑造全球网络治理结构的具体实践。美国政府通过掌握互联网域名规则，实际上是在构建一种全球性的制度性基础设施。这一基础设施通过确立域名的分配和管理机制，影响全球互联网的运作方式。同时，这些规则和机制成为互联网运行的基础，对数据流动、信息交换

---

① 刘影、吴玲：《全球网络空间治理：乱象、机遇与中国主张》，《知与行》2019 年第 1 期。

和网络治理产生了深刻的影响。它们不仅确保了互联网的稳定性和可访问性，还涉及国家安全、经济发展和文化多样性等多个层面。具体来讲，美国政府通过掌握域名规则，实际上在全球网络空间中建立了一种权力结构，这种结构通过制度性基础设施的建立和执行，影响了全球互联网的治理和发展，为全球互联网的运作提供了一个共同的参考和行动指南，事实上构建了全球治理框架。域名规则的制定和管理不仅关系到技术层面，还涉及经济和文化层面，塑造了全球电子商务、信息传播和文化交流的方式，进而对全球经济和文化格局产生了影响。通过控制域名规则，美国政府能够在一定程度上保护其国家安全和数据主权，这一点在当前全球网络安全和数据治理的讨论中尤为重要。另外，制度性基础设施不是静态不变的，而是随着技术进步、社会需求和国际关系的变化而不断演进的，在全球化和数字时代的双重背景下，制度性基础设施是塑造现代社会和经济活动的关键因素，这需要我们完整把握制度性基础设施的内涵，以及它们在数字社会中的重要作用。

## 二、增强数字时代下中国国际标准化治理能力

当前数字技术的迭代发展逐渐构筑起数联网社会，国家标准化体系也在不断变化。中国经济已进入高质量发展阶段，只有提高标准才能提高质量，因此要建立符合高质量发展要求的标准体系，以促进经济社会更优质、更高效、更公

平、更可持续地发展。

在超级大国之间，当前的竞争在全球规则、制度、贸易、标准和技术领域显得十分激烈，拥有新技术和能够制定全球标准的国家将在新一轮数字化变革中占据有利地位。在这种趋势下，各国正处于"技术战争"或"标准战争"中，在新兴技术特别是5G技术上争夺技术标准优势，以期在国际社会标准制定领域起到引领作用。无论在国家还是世界范围内，标准化都是创新及其传播的重要因素，已经成为各国国家科技政策的核心部分。中国标准的国际化战略逐步从"追赶"战略转向"先发"战略。

中国标准化战略的核心是争取制高点，提高中国标准的国际化水平。鼓励企业、社会组织、产业联盟及国家各级部门积极加入国际标准化制定大军，在更多的国际标准组织（如ISO、IEC、ITU等）中担任引领角色，进一步增加中国在国际社会中的标准制定话语权。积极推动中国技术标准向国际标准的迈进，需要建立一套以企业为主体、各相关方协同参与的国际标准化工作机制。这个机制不仅有助于推动我国技术标准成为国际标准，更能培育、发展和推广我国具有优势和特色的技术标准，从而服务我国企业和产业的国际化发展。需要加强企业在国际标准化活动中的参与，鼓励企业积极参与国际标准的制定和修订，使其在标准化进程中发挥更加积极的作用。同时，还应该加强政府、行业协会、研究机构等各方力量的协同合作，形成共同推动标准国际化的合力。重点培育和发展我国在某些领域的技术优势和特色，将这些技术标准推广到国际市场，促进我国技术和产品在全球范围内的竞争力和影响力。时刻跟进国际标准更新并及时评估，实现与主要贸易伙伴间的标准一致。此外，加强对国际标准化体系的了解和参与，积极跟踪和倡导我国在国际标准化工作中的权益，推动我国技术标准逐步成为国际标准的重要参与者和决策者。

标准化是当代规则制定中最具争议和范围最广的领域之一。尽管有完善的法律框架和大量的研究，但与制定技术标准有关的工业管制的许多方面还有待探索。特别是在复杂的标准制定过程中，例如获得标准和给予标准服务组织对其创造物的专有权之间的平衡，专利货币化和根据现有标准开发新技术之间的平衡，在社会和安全利益考虑的情况下进行创新和技术进步继续蓬勃发展之间的平衡，许多问题仍有待解决。实现这些平衡至关重要，特别是在涉及全球性和多层面标准化的时候，以及在诸如信息和通信技术等传统上由技术因素驱动的部门出现社会关切的时候。在这些方面，如果不能顾及所有相关利益，就可能造成针对同一功能有多种标准的局面，从而对制定普遍适用的、标准的全球努力产生负面影响。

综上，国家或个人要成为制度产业的产生者，必然要实现专利标准规范化、规范运营化、运营收益化，进一步解决国际数字技术重点问题，开发国际层面政府行为准则、商务准则、会计准则及国际政务准则。

## 三、聚力打造"整体智治"的全域数字化治理

数字社会的治理逻辑将在当前的制度性基础设施建设过程中得到实践性的展开。在未来，随着数字时代的到来，社会制度将以数字化治理为核心，延伸至经济、社会、生态和政府治理等各个方面的改革。在这个新的背景下，网信环境的治理需要动员政府、市场、社会等各方力量，采取一种全域的、系统的治理方式，而不是局部的、点状的治理方式。未来发展中，数字时代的全域性治理体现在以下几个方面。

### （一）全场景治理

现代世界正面临着全球性的挑战，同时也越来越相互关联，越来越具有动态性和复杂度。因此，在数字技术的支持下，公共治理和公共政策制定的适当方法、工具的成功开放和协作日益重要，并逐步成为全场景治理体系。

全场景治理，又被称为全场景智慧，旨在提升城市综合治理水平、增强居民的幸福感、提高企业的生产效率及加强行业创造力。这种治理模式通过在城市、企业和行业等场景中的应用，产生裂变效应，使治理能力得到有效提升。全场景治理的技术支撑主要包括区块链、移动终端、社交媒体、大数据、传感器和定位系统等五大重点技术。这些技术的深度融合使全场景治理能够收集、整合和利用各类可感知信息，包括窄带智能化和物联网传感器的自动化信息采集、宽带音视频信号的采集、社区活动的舆情及社会行为数据的采

集，以及全面参与管控的上报信息采集等。这些信息的采集和处理是当前全场景治理的重点内容，其目标是实现数据融合、文化治理和建设物联网全场景智慧社区。通过合理运用网信时代的新兴科技，推进全面感知和数据融合，以及加强文化治理和建设物联网全场景智慧社区，最终实现国家治理体系和治理能力的现代化。

（二）全渠道治理

在新兴关键技术融入的网信新时代中，信息传播的主体多元化成为一个新的显著特征。未来的社会治理既需要维护信息发送端多元主体之间的健康互动，规范网络环境，又要重视强化信息平台的规制作用，完善平台建设，为信息接收端提供更加多样化的参与网信建设的渠道。值得注意的是，针对那些有困难接触新技术和设备的"弱势群体"，以及身处偏远地区或年事已高的人群，社会治理也应给予相应的关怀和支持。这意味着要积极打破信息鸿沟，采取措施让更多的人更好地融入当今网信新时代的环境中，成为这个时代的一部分。在此过程中，社会治理需要促进技术普及和教育，提供针对不同群体的定制化支持，以确保每个人都能够充分享受新技术带来的便利和机遇，同时也需要关注隐私保护和信息安全，确保信息的传播和使用在法律法规的框架内进行，维护社会稳定和公平正义。

（三）全环境治理

网络环境由多个要素组成，包括用户、网络基础设施、设备、软件、数据流、存储系统、传输机制、各类应用程序和服务，以及与网络直接或间接连接的所有系统。数字技术的普及和泛化特性将为我们未来的网络环境带来更清晰、更透明的格局，促进形成一个高度可信赖、信息质量优良的网络体系。然而，要维护良好的网络秩序，规制措施不能仅仅依赖于技术手段，还需要配合使用者的道德素养。这意味着除了加强网络安全和数据保护措施外，还需倡导网络使用者自觉遵守网络道德规范，共同打造健康的网络治理环境。只有这样，才能确保网络空间既是一个安全、开放、繁荣的交流平台，又是一个充满信任、尊重和合作的社交空间。

**四、社会治理加速转型推进制度精进**

数字技术的快速涌现加速了未来智慧社会的到来，形成了一个兼具万物互联、分布共享、全景覆盖的智慧混合社会。与此同时，社会治理制度也在不断演进，从和谐秩序向共享秩序、场景治理转型。国家构建的多元秩序为社会组织制度的创新和精进提供了前所未有的机遇，但也带来了新的挑战。当前社会呈现出三个显著特点。

首先，社会的泛在化。随着网信的快速发展，原本稳定的经济结构正在迅速碎片化，资源和信息加速聚集，产业发展趋势逐渐从产业链一体化向平台一体化演进。这种双向运动造成了分散化与大平台、去中心化与泛在化的趋势，形成了微时代与大平台的极化结构，给社会治理制度的完善带来了挑战。

其次，社会的微粒化与再组织化。智慧社会的发展中，网络信息不断重构着社会关系，扁平化、破碎化、自由化趋势日益明显。数据和算法主导着经济社会秩序，导致"微粒社会"的到来。人们由此从现代性"理性人"转变为可计算的漫步社会的"微粒人"。在算法世界中，我们的物理基础、人际关系及政治经济社会都将得到更精细、透彻的分析和评价。通过人工智能、脑机交互等技术的融合，网络空间中的无数节点将重新组合形成系统的虚拟社区，形成共建共享的多元社交圈和分疏化的关系纽带，实现再组织化。这是数字革命背景下社会组织的新样态，也让智慧社会的制度演化防线面临随机性的风险压力。

最后，当前社会存在着智慧化和高风险化的特征。智慧化、便捷化、场景化的新时代数字社会给予我们便捷、个性的生活的同时，其潜在的负面影响同样存在。商业平台普遍存在的"大数据杀熟"现象无形之中侵犯了网民的隐私和安全；算法歧视、算法黑箱等问题若赋予数字技术以"决策者"的权利，那么以算法来代替人类的行为将成为可能，这严重侵犯了最基本的人权。这些随之衍生出来的风险将会成为未来社会最根本的冲突之一，同样也给智信社会未来的治理制度的发展带来很大的挑战。

但如前所述，制度是精进的。在面对智信社会发展带来的挑战时，响应智信社会变革的需要，进行实质性的制度探索和创新,培育并完善社会组织的规范化和法制化体系,构建平等的协商与对话平台,赋予社会公众的利益诉求以载体,有效化解网络信息发展所带来的机会与矛盾的挑战,从而建立共享秩序、场景治理、多元塑造的智信社会。

## 五、正确理解智慧治理核心要义

智慧治理(SMART governance)是指运用数字技术,确保公民和政府之间实现协作、透明、参与、基于通信和可持续的环境的过程。其核心要义主要体现在 S-simple(简化的):通过使用数字技术简化政府的规则、规章和程序,从而建立方便用户的政府;M-moral(伦理的):在政治和行政机构中出现了一种全新的伦理价值体系,技术干预提高了检察、司法等机关的效率;A-accountable(可靠的):促进设计、开发和实施有效的管理信息系统和业绩衡量机制,从而确保公共服务的问责制;R-responsive(响应的):简化流程,以加快服务交付并使系统更具响应性;T-transparency(透明的):提高政府透明度,将政府文件中的信息限制在公共领域,使程序和职能透明化,这反过来又会给行政机构带来公平和法治。

在国际前沿的智慧治理体系中,制度性基础设施和技术是两大核心要素。政府需要建立适当的物质、社会和经济基础设施,以促进智慧治理的顺利运作;同时,智慧治理可以将物联网、人工智能和区块链等现代技术应用到众多场景中，从而构建中国新时代智慧城市和智慧中国的蓝图。

（一）匹配的制度性基础设施为智慧治理之基石

政府在建立适当的制度性基础设施方面扮演着关键角色，以促进智慧治理的顺利运作。除了电子治理应用程序之外，政府还需要构建更加完善的数字基础设施，以支持智慧治理的各个方面。这包括建立高速、安全、稳定的网络基础设施，以确保公民和政府之间的通信畅通无阻。在数据存储方面，政府可以探索采用先进的技术，如区块链技术，来构建去中心化的数据存储系统，从而提高数据的安全性和可信度。此外，政府还应该制定相关的法律法规和政策措施，以规范智慧治理的运作，并保护公民的合法权益和隐私信息。这包括建立数据安全和隐私保护的法律框架，明确政府和其他治理机构在数据收集、处理和使用方面的责任和义务。同时，政府还可以通过加强数据安全监管和技术审查等方式，防范和打击数据泄露、黑客攻击等安全风险，确保智慧治理的顺利实施和可持续发展。

在建设实体基础设施方面，应采取诸如智能能源管理、智能水管理、智能出行等举措。为了实现智能能源管理，必须要找到可再生能源、使用先进的电表、利用现代技术来实现自动化并监控电力分配。智能能源管理旨在降低能源价格和全球变暖的影响。智能水管理将解决水资源短缺和水净化的问题。利用创新技术改进水的管理可为容易缺水的地区提供清洁水。智能移动旨在创造更快、更环保、更便宜的交通方式。闭路电视摄像头和人工智能可以一起用于交通管理和寻找空车位。

智能教育借助人工智能和物联网等现代技术，能够为学生提供更加优质的教育环境和服务。人工智能的应用可以使一些教育任务实现自动化，例如自动评分系统、个性化学习路径的生成等，从而提高了教学效率和质量。同时，物联网技术的运用也能够创造互动式学习环境和智能化的考勤跟踪系统，为学校管理和教学提供了更多可能性。在智能医疗领域，通过收集患者数据并利用先进技术进行远程诊断、远程治疗、在线健康记录和设计患者监控系统，可以大大提高医疗服务的效率和质量，使医疗资源更加普惠和高效利用。特别是在偏远地区或医疗资源匮乏的地方，智能医疗技术的应用能够弥补医疗资源的不足，为更多人提供及时有效的医疗服务，促进健康事业的全面发展。此外，技能开发中心和商业园区也是经济基础设施中不可或缺的重要组成部分。技能发展中心致力于培训学生和员工，提升其专业能力和就业竞争力，为各行各业的发展注入新的活力和动力。商业园区则为创新创业提供了良好的孵化和发展环境，促进了新兴产业和科技企业的蓬勃发展，推动了经济的持续增长和社会的全面进步。

（二）新兴数字技术为智慧治理之利刃

人工智能可以用于智能监控中的面部识别，可以在人群中识别罪犯和嫌疑人。此外，闭路电视摄像机可以通过协调交通灯和引导车辆在道路上的流动来帮助交通管理。物联网也可以为政府行业带来好处。物联网传感器可以安装在各种户外物体上，收集重要数据进行分析。例如，科技巨头英伟达（Nvidia）已经推出了名为 Metropolis 的端到云的智能视频分析平台软件用于公共安全、交通管理和资源优化等场景，利用物联网设备和深度学习进行视频分析。目前，在欧盟的智慧城市中，有 1730 万台物联网设备，通过分析交通模式、分区、地图绘制、人口增长、食物和水消耗等各种因素，帮助城市规划。

了解并理解智慧治理要义的同时，制定合理且完备的智慧治理路线图也是极为重要的。对公民进行智慧治理的教育、对政务人员进行培训、雇用有经验的专业人员来帮助部署过程、设置可以通过智能治理实现的目标、制定实现目标的策略、引进计划和项目以促进公共和私人合作、更新有助于智慧治理发展的立法和政策等内容都需囊括在中国智慧治理路线图中，具体考虑内容可参照表 2-1。

表 2-1 智慧治理发展要点

| 发展要点 | 发展成效 |
| --- | --- |
| 行政程序的自动化 | 最大限度地减少人为干预，减少服务提供的偏见，无既得利益，提高行政管理效率 |
| 减少纸张工作量 | 以电子途径进行信息共享，减少物理移动和消耗，契合我国"双碳"目标 |
| 消除等级制度 | 引入内联网和局域网，减少组织内部分层处理造成的程序延误 |

续表

| 发展要点 | 发展成效 |
|---|---|
| 行政文化的改变 | 在行政文化中确立问责、透明、廉洁、公平和公正的标准和价值观,以消除"政府病态" |
| 透明度 | 促进政府信心和数据的开放,激励公众积极行使监督责任 |
| 战略信息系统 | 通过智慧治理使管理层及时获取信息,有效作出日常和战略决策 |

数字技术变革造就的智慧治理时代为政府和公民之间的交互创造了一个媒介,加强了国家与民众的沟通交流。智慧治理将促进一种有意识决策的文化。在现代技术的帮助下获得的分析将有助于制定更好的政策,以保护资源和环境、社区发展、公民安全、更好的教育和就业及公共福利的目标。理解智慧治理的核心要义,引导公民为迎接知识世纪做好准备,全方位夯实我国在网信新时代革新下的关键竞争力,从而推动中国科技、经济社会实现跨越式发展。

## 第四节 安全性基础设施

数字技术加速涌现,网络发展空前加速,数联网时代,万物互联,数字技术通过自身优势对传统行业进行优化升级,推动经济形态不断演变,提升供应链和产业链的现代化水平,促进价值链的重塑和传统行业的智能化、高端化发展，创造了许多新的发展生态，从而赋予了全社会很多经济实体蓬勃的生命力。"云物大智"等技术的发展更是给行业变化注入活力，数字技术拉近了我们与世界的距离，改变了我们的生产生活方式，但是随之而来的数据资产管理、信息安全、网络安全等问题也成为我们需要面对的重大挑战，如何建构网信安全性基础设施，保障新型国家安全成为我们当前面临的重要课题。

**一、安全性基础设施的内涵**

随着技术的不断发展和变迁，网络空间的轮廓正在不断重塑，数字社会安全的内涵也在不断扩展。随着数字经济的蓬勃发展，数字化、网络化和智能化的趋势日益明显，曾经的物理隔离正在逐步向算法隔离转变。这意味着网络、应用程序和数据暴露的面更广，数据跨境流动、平台数据共享及信息流动的加速也加剧了信息泄露的风险。同时，随着新业务和新业态的不断涌现，个性化安全需求也日益凸显，安全风险呈现出更为泛化、细分和强化的特点。这些安全风险不仅包括由于技术保障不足而导致的数据安全风险，也包括由于规则监管疏漏而产生的算法安全风险，甚至还涉及在信任体系变革下社会结构发生变化所带来的社会风险。随着网络环境逐渐进入赛博空间，网络安全已经不再局限于设施、数据、用户和操作等单一要素，而是涉及整个网络空间的安全。

网络空间的存在已经使得原本的物理隔离演变为算法隔离。正如詹姆斯·亚当斯所指出："夺取作战空间控制权的不再是炮弹和子弹，而是芯片，是鼠标，是计算机网络中流动的比特和字节。"网络空间是人类通过网络角色，依托信息通信技术系统来进行广义信号交互操作的人造活动空间。在这个空间里，网络攻击具有普世化和全面化的特点。网络基础设施作为数字时代的基础底座，已经成为网络攻击的重点目标。数据中心的云化整合加速进行，算力基础设施中海量资源的集聚增加了风险。网络攻击已经不受时间和地点的限制，其影响范围广泛，波及面广阔，造成的经济损失令人触目惊心。安全问题不再局限于数字技术的应用范围，而是扩展到公共社会的各个领域。与此同时，国家间的竞争也加剧了对技术安全的围堵和技术路径的分离。

安全性基础设施的构建是从风险维度、保护维度和方法维度构建安全体系，以"让数据使用更安全"为目的，通过组织构建、规范制定、技术支撑等要素共同完成的网络空间的设施安全、运行安全、数据安全和内容安全建设。针对数据开放中的安全隐患，建立数据开放的授权以及确权机制，加强对数据开放过程中个人信息及隐私的保护，提升监管能力和防范措施，满足数据出境国家安全治理的需要，通过技术升级和制度设计来保障数据跨境流动的安全性，维护国家网络空间主权。同时，我们致力于建立基于主动防御的自主可信的安全标准和技术保障体系，以确保网络空间的保密性、可辨识性、可用性和可控性，从而保障信息通信技术系统能够提供安全、可信、可靠和可控的服务。

## （一）数据安全治理已成为事关产业发展、国家主权的重大现实问题

数字时代以数据为对象的攻击将逐渐成为主流，数据开放中的个人隐私保护、公共数据安全以及数据跨境流动安全成为维护网络空间安全的要义。在数字经济与实体经济加速融合的背景下，数据权属、数据的安全交换、数据价值的挖掘等都必须在安全的环境中才能得以实现。数据中心加快云化整合，算力基础设施中海量资源集聚风险突出，与传统基础设施相比攻击容忍度更低，重要生产要素资源面临一失尽失的安全威胁。工业互联网的兴起颠覆了传统工业控制系统的封闭模式，要求工业现场和互联网端的安全标准灵活应对部分数据接口规范、通信协议不统一，数据采集过程容易导致过度采集、隐私泄露等问题。数字孪生、网络切片等技术的快速发展推动了"5G+垂直行业"应用的实现，涉及智慧城市、智慧能源、智能制造等领域。在这个过程中，融合基础设施的更新和迭代周期各不相同，终端设备的能力参差不齐，数据流量的类型也千差万别。这种多样性投射出个性化的数据安全保障需求，每个人都有不同的需求。

数据的科技属性和流动隐蔽性增加了数据出境国家安全治理的挑战，监管规则和防范措施不足以满足数据出境国家安全治理的需求。数据跨境流动带来的网络安全风险存在于

多个环节，包括数据的生产、采集、传输、存储和共享。在生产和传输环节，跨境流动的数据面临着被窃取和篡改等安全风险。在存储和应用环节，由于跨境数据存储位置分散和跨安全域访问，很容易出现数据滥用和隐私泄露等情况。跨境数据不仅承载着个人隐私、商业秘密、国家秘密等重要利益，而且不当使用还可能侵犯个人的基本权利，危害国家的安全和主权。为了应对这一挑战，国家需要加强数据出境国家安全治理的能力建设和法律体系建设。首先，需要建立健全的监管机制和规范标准，加强对数据出境行为的监督和管理，确保数据流动符合法律法规和国家安全利益。其次，要加强技术手段和安全防护措施，提高数据出境的安全性和可控性，防范数据泄露和滥用的风险。最后，还需要加强国际合作，推动建立跨境数据流动的规则和机制，共同应对跨境数据安全挑战，维护全球数据安全和稳定。通过这些努力，才能有效应对数据跨境流动带来的安全风险，保护个人隐私和国家安全。这一过程需要政府、企业和公民共同努力，共同推动国家数据安全治理体系的完善和健全。

（二）算法安全是维护国家主权安全的重要内容

算法逐渐演化成了一种新的权利形态，算法安全已成为国家安全的核心表现。首先，算法安全在政治上具有逻辑操纵性和隐蔽性。这些算法往往打着"合理性"的幌子，通过向特定用户开展"靶向"锁定，自主生成内容武器，以此传播具有诱导性和倾向性的舆论。这样的算法成为一种无形之手，操纵着他国国内社会舆论，被称为"影响力机器"。其次，算法安全在不同领域的渗透具有泛在性。通过以算法为核心的人工智能技术，威胁已经渗透到了战略、组织、优先事项和资源配置等方面。

（三）关键数字基础设施安全是数字社会的基本安全保障

网络安全风险正在向基础设施领域蔓延。随着产业数字化的加速推进和数字经济的发展，网络攻击不断向基础设施领域扩展，这可能导致整个产业链的停摆或瘫痪。网络攻击不受时间和地点的限制，企业和机构将面临巨大的风险，而公共设施则可能面临有组织、系统化的攻击。这些攻击的影响范围广泛，波及面广阔，造成的经济损失甚至让人触目惊心。关键数字基础设施的安全是网络安全防护的核心。当前，随着数字技术赋能传统产业，关键数字基础设施的网络化程度正在加速提升。通信、电力、能源、交通、金融、公共服务等传统基础设施正在不断实现联网、"上云"，这使关键数字基础设施的保护范围不断扩大。然而，这也导致安全风险变得更加多元化和复杂化。一旦这些关键数字基础设施遭受攻击，将可能引发整个社会的瘫痪。为了应对这一挑战，《中华人民共和国网络安全法》在2017年6月1日正式实施，明确规定在网络安全等级保护制度的基础上，对关键数字基础设施实行重点保护。这一法律的出台标志着我国对网络安全问题的高度重视和积极应对，旨在确保关键基础设施的稳定运行，维护社会秩序和经济发展。除此之外，政府部门、企业和社会各界也需要加强合作，共同应对网络安全挑战，建立起多方联防联控的网络安全体系，保障国家安全和社会稳定。随着数字化的发展，网络安全问题愈发凸显，只有全社会的共同努力和合作，才能有效应对各种网络安全威胁，确保数字化进程的安全与稳定。

## 二、数字时代下网信发展面临新的挑战

人类从互联网走向物联网、万联网，到现在迈入数联网时代，数字技术的日新月异和区块链的深入渗透，增强了人类的脑力，使得我们的生产生活方式进一步改变，大数据、云计算的广泛应用，赋予了时代新的内涵。当今时代，全球面临着复杂的网络安全形势和严重的网络威胁，许多网络攻击都瞄准了关键性网络基础设施——这个数字产业发展的支撑和基础，由于其递延性质极强，一旦被破坏，可谓牵一发而动全身，会造成不可想象的灾难性后果。

（一）关键数字基础设施保护的安全挑战

数字技术给我们的生产生活带来了无限便利，这一切都与关键性数字基础设施分不开。它是网络发展的支撑和基础，与经济运行、社会稳定和国家安全也有较大关系。一方面，互通互联是网络数字系统的基本特征，其发展不断突破业务、部门、阶层、系统和地区界限，传统的安全理念和安全对策受到了挑战，仅仅靠边界保护和统一安全战略无法满

足现有的安全威胁；另一方面，关键数字基础设施系统的结构由于技术、业务和数据的全面融合而变得异常复杂，很多公共机关的数据和业务集中整合的过程容易受到不法机构的觊觎和非法分子的攻击。

（二）工业互联网快速推进的安全挑战

随着智能制造和新基建的大量推广，工业物联网的基础作用不断凸显，机器、产品和数据互联互通的同时，设备的运行、车间的配送、企业的生产和上下的产业链的对接也实现了实时交互。物联网不仅提高了生产效率，还保证了产品质量。在此过程中，信息和数据起到十分关键的作用，信息可靠、数据真实、设备可认证才能更好地实现智能制造。此外，由于工业领域对业务连续性的独特要求，必须加强工业互联网领域内的风险评估和安全防护，否则将会造成巨大的经济损失，面临严峻的安全问题。

（三）5G 新技术新应用的安全挑战

5G 技术是新一代宽带移动通信技术，速率高、延时低、容量大等优点使其具有较为广泛的应用场景，尤其是与工业各个环节都能够很好地融合，促进产线柔性化、生产智能化的实现和工业转型升级，是实现人机物互联的网络基础设施。虽然 5G 技术优势凸显，应用甚广，但是人与人、人与设备、设备与设备之间的联通、认证和数据传输也对安全策略提出了更为复杂的要求，尤其是像车联网、智慧医疗、智慧水务等这类对可靠性要求高、时间敏感性强的应用场景，则需要更强的身份认证和端到端的加密，同时还需要有效的隐私保护策略和数据完整性保护措施。

（四）数据深度应用的安全挑战

随着人工智能的发展、可穿戴设备的流行及车联网和物联网的兴起，数据应用的深度和广度不断扩大，数据应用的融合度加深，数据集聚呈现规模化，数据采集推行标准化，这意味着个人信息保护的潜在危险越来越大。一方面，数据开放的有限性制约了数据的创新应用；另一方面，数据就是"新石油"，逐渐成为业界共识。很多不法机构都想从中获利，数据滥用、非法数据交易等违法行为开始扰乱数据治理秩序。因此，健全法律法规对于打击数据的非法滥用和规范数据要素市场具有非常重要的意义。

（五）关键核心技术博弈的安全挑战

目前，我国数字产业的核心基础能力与西方发达国家相比还有一定的差距，"缺芯少魂"问题制约着我国数字经济的高质量发展，特别是在今后一段时间内，新兴技术和新兴领域的突破是各国竞争的焦点，我们必须在量子计算和半导体等领域不断创新，才能获得竞争优势和抢占发展机遇。

新基建促进了智慧交通、智慧医疗、智慧能源、智慧水务、智慧城市等的发展，使万物互联，缩短甚至打破了网络空间和物理空间的距离。与此同时，网络安全也从数字空间延伸到现实世界，并与我们的人身安全、社会安全和国家安全密切相关。例如，网络上的病毒和漏洞、智慧城市的设备

## （二）促进网络安全创新体系建设

网络安全是国家安全的重要组成部分，大国间的竞争逐渐开始在网络空间中愈演愈烈，尤其是在新一代数字技术和新兴领域快速发展的背景下，加强网络安全创新体系建设成为保障网络安全的重要内容。首先，我们必须加强技术研发，攻克"卡脖子"技术，增强5G技术、工业互联、大数据、人工智能等的竞争力，提升我国网络安全的保障能力。其次，要加强网络安全技术的研发和应用，在加密、匿名等方面不断创新，寻求突破，提升安全防护能力。再次，人才是创新的基础也是发展的重要力量，重视对网络安全人才队伍的培养和建设，提供国家网络安全人才支持，可以实现网络安全的可持续发展。最后，需要提高全民的网络安全意识，国家和政府的积极宣传引导、相关部门的积极普及和推广对于筑牢网络安全防线具有重要意义。

## （三）完善数据治理体系

人类进入数字文明新时代，数据已经成为关键生产要素。然而，数据的价值不仅吸引了人们的关注，也引发不法分子觊觎，他们试图从中获利。因此，数据滥用、数据丢失等问题频频发生，这需要加强数据治理以确保数据的安全和合法使用。首先，制定数据保护法律至关重要。要利用法律明确规定每个网络实体和参与者的权利与义务，明确数据使用的规范和形式。其次，推进数据治理的统筹规划也是必要的。要对数据资源进行合理分类，并建立平台供数据提供方、使用方和监管方进行有效沟通。通过这种方式，可以推动数据治理的系统化和规范化，确保数据的合理管理和使用。最后，要加强保障数据资产的安全可靠。这包括建立健全的数据安全使用标准，并推动数据资产管理技术的创新突破。通过这些措施，可以降低数据安全风险，确保数据在存储、传输和使用过程中的安全性和完整性。

（四）持续提升网络安全防护能力

网络安全形势随着万物互联时代的到来变得更加复杂和不可预测，网络安全风险随处可见，因此提升网络安全防护能力势在必行。首先，必须建立健全的网络安全信息共享机制。政府和各利益相关方应当明确各自的权利和义务，加强职责履行，确保风险研判，及时进行预警。同时，构建有效的网络安全联动防御机制至关重要，促进信息共享和系统协同，综合数据进行全面研判和分析，以便做好应急准备和及时响应。此外，进行有效的网络安全攻防应急演练对于提升网络安全防护能力至关重要。通过模拟各种安全事件场景，能够训练安全风险出现时的反应敏捷性和预案有效性，从而持续提升防护能力。这样做可以保证我们在真实攻击发生时能够保持良好的应对状态，从而保障网络安全。

## 第五节　数字社会基础设施的产业化运维

加强云计算、工业互联网、数据中心等关键数字基础设施的建设，加速底层支撑技术的演进迭代，是开拓数字时代的关键举措。在此基础上，需要加强对算法、算力及数据权等方面的监管和治理，确保其合规和透明，进而实现技术标准化、设施泛在融合化和全域连接化，以加快突破关键共性技术难题，推动数字化进程向前迈进。同时，以市场化的方式构建全球数据治理联盟，并以数字资产作为多元载体，建设全球数字资产交易所，可以有效地促进全球数据资源的合理流动和共享，推动数字经济的发展。这种做法不仅有利于促进国际间的数据合作与交流，也有助于加快网信制度性和安全性基础设施的建设步伐，从而在数字时代网络空间治理中抢占主导权和国际话语权。

## 一、构建泛在融合的数字基础设施新体系，筑牢数字经济发展的底层基座

（一）构建融合、协同、智能、安全、开放的数据基础设施

在架构上，通过纵向贯通化，提升数据收集的深度；通过横向平台化，依托平台对数据进行广域化管理，确保数据基础设施的整体关联性；通过跨界网络化，整合各方数据，提供从数据输入、存储、应用到输出的全生命周期支持，建立全面的数据安全体系，促进开放式数据生态环境的构建；通过供给数据化，实现以数据形式反馈的灵动性，[①] 真正架

---

[①] 刘婷婷、戴慎志、宋海瑜：《智慧社会基础设施新类型拓展与数据基础设施规划编制探索》，《城市规划学刊》2019 年第 4 期。

构起支撑数据存储及数据全生命周期管理的软硬件基础设施体系。

在功能上，数据基础设施要实现"五融合、六协同"。"五融合"是指异构算力融合、存算融合、数据库存储融合、协议融合和格式融合；"六协同"是指六个场景协同，即跨数据源、跨场景、云边协同、异地数据即时访问、统一访问接口及跨域计算能力共享。数据基础设施智能化包含智能数据治理、智能芯片、智能软件框架。通过制定公平、透明规则，建立生态信任体系，面向数据构建全方位的安全和监管体系，保障数据端到端的安全和隐私合规，打造开放的数据生态环境，推动全社会数据的共享和开放，创造更大的价值。

（二）加快搭建数联网基础架构、全域互联的区块链云化平台

数联网是数据与数据相连的互联网，它通过建立一套能够识别每个节点数据及数据服务的协议规范和框架，使用户可以更便捷地按需获取数据，并在整个网络中进行分析和挖掘，以释放数据融合后的巨大价值。数联网技术架构的建设需要一个数据集中、分权管理、社会参与的大数据治理机制的顶层设计；同时还需要构建基于自主可控技术的、从数据源到应用端的全方位数据安全保障机制，以此为国家下一代大数据基础架构奠定坚实基础。

（三）架构云 - 网 - 链泛在融合化的数字基础设施体系

连接是数字经济发展的基石，必须先行发展好基础设

施，才能够支撑上层的应用和服务。未来，随着泛在连接和多样化计算场景的到来，我们需要建立感知、存储和计算融合的分布式系统架构，实现高效的云边协同。计算和网络的深度融合将是网络架构演进的趋势，将数据传输作为核心的网络体系将逐步演变为感知、传输、计算和交换一体化的数字基础设施。因此，基于计算、存储和传输资源融合的新型网络虚拟化架构，借助"东数西算"战略工程，我们将建设协同跨区域、跨行业的数据共享和交换平台，以促进数字经济的发展和互联互通。

## 二、牵住核心技术自主创新的"牛鼻子"，加强原创性引领性科技攻关

在"十四五"规划期间，我们必须聚焦攻克关键技术难题，加强关键数字基础设施的安全性和支撑能力，并持续完善网络治理体系。核心技术自主创新的重要性日益凸显，我们需要积极推进隐私计算、新一代移动通信、量子通信等领域的研发和应用，力争取得重大突破，提升网络信息技术的自主创新能力。在攻克技术难题的过程中，我们需要加强科研机构、高校和企业之间的合作，形成协同创新的合力。特别是在隐私计算、人工智能、区块链等前沿领域，需要加大科研投入，培育一批具有国际竞争力的技术团队和企业，推动关键技术从实验室走向市场，实现科技成果的产业化和商业化。同时，我们还应加强网络安全技术和管理水平的提

升，建立健全网络安全保护体系，提高关键数字基础设施的安全性和抗干扰能力。这不仅包括技术手段的应用，还需要完善相关法律法规和政策制度，加强对网络安全的监管和防范，确保网络空间的安全稳定。除了技术创新和网络安全，我们还需加强网络治理体系的建设和完善。这需要政府、企业、社会组织和个人共同参与，形成多方合作、共建共治的网络治理新模式，加强网络空间规则的制定和执行，推动网络治理体系更加健全和有效。总之，在"十四五"规划期间，我们需要紧密团结在党中央的领导下，凝聚起全社会的智慧和力量，不断加强关键技术创新、网络安全保障和网络治理体系建设，为我国数字经济的持续健康发展提供坚实的技术和制度保障。

（一）打造隐私计算技术应用生态

隐私计算技术的出现使数据在各个环节中都能够实现"可用不可见"，从而实现了数据所有权和使用权的分离，既满足了数据开放利用的需求，又保护了个人隐私和敏感信息，是数据价值化过程中的重要技术支撑。然而，隐私计算在面临安全性挑战、性能瓶颈、标准体系不健全等问题的困扰下，其产业化进程受到了严重阻碍。为了加快隐私计算技术的产业化进程，需要在多方面取得突破。首先，要进行多元技术融合，将不同的技术手段有机结合，提升隐私计算的安全性和性能。其次，要加强标准体系建设，建立完善的标准规范，推动隐私计算技术的标准化进程，提高技术的普适性和可操作性。最后，要在法规、技术和应用层面实现多方生态融合，构建良性的产业生态系统，促进隐私计算技术的广泛应用和推广。此外，通过加快隐私计算平台基础设施的建设，我们可以更好地助力隐私计算技术的行业应用生态的发展，推动隐私计算技术在各个行业领域的广泛应用，实现数据的安全共享和隐私保护的双重目标。

（二）抢占量子技术战略制高点

未来，人类将踏入量子互联网时代，这是一个融合了量子计算、量子测量和量子通信的全新时代。在量子中继的支持下，量子互联网实现了多用户、远距离的量子纠缠共享，从而实现了高度安全的量子通信应用。量子互联网具备安全性高、应用领域广泛等特点，因此，多个国家已经开始竞相研发这一新型通信方式。未来，我国也将逐步突破量子安全认证、量子数字签名、量子比特承诺及量子安全存储等技术难题，以提升量子互联网的可扩展性和信息处理能力。同时，我国将加强量子互联网的战略布局，构建良好的研发生态，引领未来量子互联网发展的新时代。随着量子互联网的不断发展，我们将迎来一个信息传输更加安全、更加高效的时代，为人类社会的进步和发展带来新的机遇和挑战。

（三）前瞻布局前沿技术

积极抢先布局前沿科技，实现跨界融合创新，是当前科技发展的重要战略。在谋篇布局下一代移动通信技术（如6G）、量子计算、神经芯片、类脑智能、第三代半导体等领域，我们要致力于实现技术之间的有机融合和跨领域的群体性突破。这意味着要加大对基础学科的投入，促进底层技术的突破，以推动与信息、生物、材料、能源等领域技术的深度融合。在创新生态体系的建设上，我们要构建多元化参与、网络化协同、市场化运作的生态系统。这将为科技创新提供更加开放和包容的环境，吸引更多的科研机构、企业和个人参与到创新活动中来。同时，这也有助于加速科技成果的转化和商业化应用，从而为未来的核心技术竞争赢得制高点，引领科技发展的潮流。

### 三、加快构建全球数字治理体系，抢占数字时代国际话语权

习近平主席在参加二十国集团领导人第十五次峰会第一阶段会议并发表重要讲话时强调，当前各国对数据安全、数字鸿沟、个人隐私以及道德伦理等问题都持有关切态度。他强调，要秉持以人为中心、基于事实的政策导向，鼓励创新，建立互信，支持联合国在此发挥领导作用，共同致力于打造开放、公平、公正、非歧视的数字发展环境。这为未来全球数字治理规则体系的构建指明了方向，特别是为在联合国框架下制定全球政务通则提供了参考。在此基础上，需要加快建立全球性的数据资源交易中心，促进数据要素的交易流通和跨境传输等基础制度和标准规范的建立。这将有助于建立起高效有序的数据开放共享机制，推动数据衍生服务和

安全、智慧交通的自动驾驶安全、伦理问题等，都需要我们引起重视。

### 三、推动构建网络空间命运共同体

新时代下，国家安全突破了有限的物理隔离，呈现出开放的算法格局，中国必须做好国家安全新谋划，树立正确的网络安全观，积极发展网络安全产业，推进政府、企业、行业协会、第三方机构等相关机构的协作，发挥各自优势形成有效的配合，捍卫网络空间主权，维护国家安全，建立适应当今数字时代的协同治理模式，同时为破解全球网络空间治理难题贡献中国方案，推动构建网络空间命运共同体。

（一）加强关键数字基础设施协同防护

新型基础设施建设的大力推进，使得5G基建、大数据中心和工业互联网的普及度不断扩大。这些国家关键数字基础设施拥有十分强大的功能和广泛的应用范围，一方面促使数字经济快速发展，另一方面也对网络安全提出了更高的要求。首先要加强关键数字基础设施的网络安全态势感知，对一些重大风险提前识别，预先实施相应策略，最大限度降低损失；其次要加强关键数字基础设施的网络安全保障评价，对关键数字基础设施网络安全的建设和运行效果进行追踪和评价，加强部门、行业和区域间的沟通和协同联动，不断进行动态反馈，促进安全能力保障提升。

跨境流动等新制度的建设。同时，推动全球数字治理联盟模式下的全球数据交易中心的发展，建立统一标准的数据定价机制、交易规则和隐私保护机制。全球数字治理联盟主要涵盖规则制定机构、仲裁机构和执行机构，其中，执行机构主要由全球数据监管中心和全球数据监管联盟构成。同时，需要积极培育独立、中立的数据监管商，形成独立的全球数据监管联盟，共同推动可交易数据的交易规则、基本标准及用户隐私保护规则的制定和执行。①

在数字时代，国际话语权的争夺已经成为国家间软实力竞争的重要战场。习近平总书记在多个重要场合强调了加强数字治理、推动数字经济健康发展的重要性。为了在全球数字治理中发挥更大的作用，我国需要将战略重点置于如下几个方面。一是推动数字技术创新发展，持续推进5G、人工智能、大数据和云计算等关键数字技术的研发和应用，加强原始创新和核心技术突破，以技术优势增强国际话语权。二是推动数字经济国际合作，通过多边和双边合作机制，在国际组织中积极参与数字治理规则的讨论和制定，推动形成公正合理的全球数字治理体系，积极参与国际数字经济合作，推动数字贸易和电子商务的国际规则制定，促进数字经济的全球健康发展。三是加强数据安全与隐私保护，建立健全数据安全管理体系，加强个人信息保护，推动国际数据安全合作，提

---

① 施展：《破茧》，湖南文艺出版社2020年版，第144页。

升国际社会对中国数据治理能力的认可。四是扩大数字领域专业人才交流，促进数字文化互鉴。加大对数字领域人才的培养力度，包括技术人才、管理人才和国际交流人才，为提升国际话语权提供人才支持。通过数字平台和网络空间，推广中国文化，加强与其他国家的文化交流和互鉴，提升中国文化的国际影响力。通过上述措施，我国不仅能够在全球数字治理中发挥更大的作用，还能够为全球数字经济的发展贡献中国智慧和中国方案，从而在数字时代抢占国际话语权，推动构建人类命运共同体。

**四、构建自主可控的安全性基础设施，增强网络安全防御能力和威慑能力**

安全性基础设施的建设应当以"让数据使用更安全"为核心目标，需要通过组织构建、规范制定、技术支撑等要素的协同努力来实现数据安全建设。① 当前，网络基础设施的安全检测标准和评估机制尚不够完善，缺乏稳固的安全防护体系，无法及时有效地处理出现的漏洞。现有的基础设施检查更注重于漏洞的发现，但在修复、数据分析和等级评估方面欠缺相应的防御方案，这不利于对网络安全态势的全面把握和风险预警。此外，实施技术设施保障也面临一定难度。因此，对网络安全防护能力提出了四个新要求：首先，要能

---

① 白利芳、唐刚、闫晓丽：《数据安全治理研究及实践》，《网络安全和信息化》2021年第2期。

够及时发现高级威胁与未知威胁；其次，威胁检测告警准确率应尽可能高；再次，安全能力需要能够自动适应网络环境并进行智能调节与进化；最后，具备一定的自主决策与响应处置能力，以应对各种安全威胁。①

（一）构建数据安全制度

首先，要健全新基建催生的典型应用场景的数据安全管理制度与标准规范，以确保数字技术产品和服务供应链的安全。加快完善面向数字基础设施的安全测评、安全审计、保密审查、日常监测等制度，从自主可控、质量、等保和分保测评等维度强化网络安全审查机制。同时，加强数据的分类制度管理，促进数据有序跨境流通，完善相关标准、规则和技术手段，以满足跨境数据流通产业的发展需求。

其次，积极构建内生安全保障体系，充分利用防火墙、入侵监测、防病毒等传统工具，同时将重点放在构建内生安全体系上。这需要实施一套复杂的系统工程，采用工程化、体系化的方式，支持各行业从"局部整改外挂式"安全建设模式向"深度融合体系化"发展，设计和实施完整的内生安全解决方案，从硬件、软件到协议，确保网络基础设施的安全。

最后，建设新一代立体化数据防泄漏（DLP）系统，加速人工智能的内容识别、分类、分级技术，端点全息技术，

---

① 王智民：《"新基建"推动安全能力向智能化发展》，《互联网经济》2020年第7期。

量子加密，可信计算，硬盘销毁等先进技术在数据全生命周期链条上的应用。通过高效、安全的技术研发和标准制定，不断优化数据加工模式与定价机制，推动数据要素市场以应用为牵引、以技术为支撑、以市场为纽带，实现供需双方的有效链接，促进市场和产业的良性互动。

（二）构建安全、可信、可靠、可控的数字技术体系

目前，我国在硬件设备方面，仍然存在对进口计算机处理器的依赖。这些处理器的核心技术大多由以美国为代表的原始制造商开发和研制，国内产业主要进行简单的组装和加工。在软件方面，我国大多数网络系统和平台都依赖国外公司的软件产品。例如，美国的微软操作系统在我国主要的软件市场占据主导地位，对国产软件的应用和操作造成了较大的限制。为解决这一问题，必须加快核心技术的攻克，提升自主研发能力，降低对外部技术的依赖。首先，加强技术研发与标准制定，推动国内核心技术的突破和创新。通过加大资金投入、优化科研机制、加强人才培养等措施，积极推进关键技术的攻关和标准的制定，提升我国数字技术产业的核心竞争力。其次，鼓励和支持本土企业加大在数字技术领域的研发投入和创新实践。政府可以通过税收优惠、科研资助等政策，激励企业增加研发投入，培育一批具有国际竞争力的技术企业，推动数字技术产业的发展壮大。最后，加强国际合作，推动数字技术产业链的全球化发展。通过与其他国家和地区的合作交流，吸收借鉴先进技术和管理经验，促进

数字技术的全球共享和共赢发展，构建开放、包容的数字技术创新生态系统。综上所述，构建安全、可信、可靠、可控的数字技术体系是当前我国数字经济发展的关键任务之一。只有通过自主创新、加强合作、优化政策等多方面工作的推进，才能够提升我国数字技术的核心竞争力，实现数字经济的可持续发展。

（三）维护网络空间主权，提升网络空间主导权

网络空间主权的核心体现在四项基本权利上：平等权、独立权、自卫权和管辖权。平等权要求以平等的方式展开国际合作，在联合国框架下领导建立网络空间安全合作机制，寻求国际一致的网络安全立法，共同打击网络犯罪和网络恐怖主义，建立互惠共赢的网络空间共同体。独立权则关注确保国家在网络空间拥有独立性和自主权，加快制定安全可控的域名解析方案和国际合作机制，以实现对网络空间的自主掌控。自卫权强调国家有权保护本国网络空间不受侵犯，并具备必要的军事能力来应对网络安全威胁。管辖权指的是国家对网络空间的构成平台、数据承载和相关活动享有司法和行政管辖权，确保网络空间的合法使用和秩序维护。这四项基本权利相辅相成，构成了国家在网络空间中主权的重要保障。在实现这些权利的过程中，还需要重视以下几点：首先，加强国际合作与沟通。通过与其他国家和地区的合作，建立网络空间安全合作机制，共同推动全球网络空间的安全与稳定。这需要积极倡导国际网络空间平等、相互尊重和互

利共赢。其次，提升国内网络空间治理能力。制定完善的网络安全法律法规和标准，建立健全的网络空间治理体系，加强网络安全技术研发和人才培养，保障网络空间的健康发展和安全运行。再次，加强网络空间自主可控。通过自主研发关键技术和产品，降低对外部技术的依赖，提升网络空间自主掌控能力，确保国家在网络空间的安全和主权。最后，积极应对网络安全威胁。加强网络安全防护和监测，建立健全的网络安全体系，及时发现和应对各类网络安全威胁，保障国家网络空间的安全和稳定。

（四）市场化方式培育和壮大网络安全产业

国际网络空间竞争日益激烈，网络安全的发展已成为衡量国家网络安全综合实力的重要标志。随着《中华人民共和国网络安全法》《关键信息基础设施安全保护条例》等法律法规的实施，网络安全领域迎来了发展的机遇期，为网络安全建设提供了有力法律保障，推动了网络安全产业的健康发展。同时，网络安全事故会造成巨大经济损失，网络安全保险行业也应运而生，预计将催生上千亿规模的网络安全产业。为促进网络空间安全各个层面的发展，应鼓励市场主体积极参与运营，催生衍生安全产业集群。在硬件、代码、数据和应用等不同层级，市场主体参与技术开发和标准制定的积极性也应得到引导，以打造具有竞争力的安全产业集群。政府可以通过设立专项债、采用PPP和城投模式来解决新型基础设施项目融资难、融资贵的问题。企业则可以统筹利用自有资金、政策性贷款和财政资金推动项目落地。同时，应充分调动各社会主体的投资积极性，使产业投资基金和保险资金参与新型基础设施建设，壮大和培育世界级的安全产业集群。此外，应加强国际合作，推动国际标准的制定和实施，共同应对网络安全挑战；加强人才培养和技术交流，提升网络安全领域的人才队伍建设和技术水平，为网络安全产业的持续发展提供坚实支撑。

第三章

# 数字社会下的治理创新

随着数字技术等新兴科学技术的快速进步，人类的生产、生活和思维方式都发生了深刻的变化。特别是，新技术的应用促进了生产要素和生产方式的变化，极大地提高了生产效率，也改变了社会结构和社会整体运作方式，促进了不同组织间的协同整合，① 并给社会及国家治理带来了重大影响。尤其是当前全球化社会全面朝向平台化转型，边界拓展、立体化沟通、融合嵌入式合作等成为当前全球交往互动的新特征，数字化技术的广泛应用改变了人们的社交和日常生活模式，为公众提供了便捷智能的服务，使全球社会资源配置效率有了跃迁式提升，使全民都能享受到数字生活的便利。与此同时，不可忽视的是平台化背后也显现出了各种问题，如平台垄断、隐私侵犯、隐蔽性霸权、参与甚至试图干预政治等，成为全球各国面临的新议题。正因如此，对平台的治理和对平台发展的审思成为议论和研究的新焦点。

---

① 张成福、谢侃侃：《数字化时代的政府转型与数字政府》，《行政论坛》2020年第6期。

## 第一节 数字产业治理

### 一、数字产业的概念及发展现状

（一）数字产业的概念

在当今世界，大数据、云计算、区块链、人工智能、移动互联网和物联网等数字技术迅猛发展，数字产业正迎来重大机遇期。[①] 数字产业是数字经济发展的基础性和先导性产业。随着数字经济的概念被广泛接受和应用，数字产业这一概念从数字经济中独立出来，并开始在中国的学界和业界传播与应用。从一个宽泛的维度看，数字产业可以看作产业数字化和数字产业化的集成；更具体地来看，数字产业侧重于数字技术、数字创意、数字商务和数字民生等产业，代表了新一代数字技术的发展方向和应用成果。[②]

（二）数字产业的发展现状

随着对数据价值的深入挖掘，基于数据采集、标注、分析和存储等全生命周期价值管理链的数据资源化进程不断加快，数据资产化也在加速推进，并带动数字产业蓬勃发展。

---

[①] 李娟、刘爱峰：《中国区域数字产业发展的平衡性分析》，《统计与信息论坛》2022年第1期。

[②] 王俊豪、周晟佳：《中国数字产业发展的现状、特征及其溢出效应》，《数量经济技术经济研究》2021年第3期。

根据中国信息通信研究院发布的《中国数字经济发展白皮书（2022年）》的数据，我国数字产业化和产业数字化的基础实力不断增强。2021年，我国数字产业化规模达到8.4万亿元，同比增长11.9%，占GDP的7.3%。其中，电信业务收入为1.47万亿元，增长8.0%；电子信息制造业经历低谷后快速反弹，全国规模以上电子信息制造业增加值同比增长15.7%，创近10年新高；软件和信息技术服务业也保持快速增长，全国规模以上企业超过4万家，软件业务收入累计9.5万亿元，同比增长17.7%；互联网和相关服务业继续健康发展，规模以上企业完成业务收入1.55万亿元，同比增长21.2%。产业数字化规模达到37.2万亿元，同比增长17.2%，占GDP的32.5%。工业互联网的应用广度和深度不断拓展，应用水平持续提高；服务业数字化转型呈现先发态势，特别是我国电子商务逐步向高质量发展阶段迈进，网络零售继续保持快速发展态势，社交电商形成普遍高效应用，支付体系完善也加速促进消费扩容便利；数字技术助力中小企业数字化转型成效也越发明显。一方面，数字技术应用通过按需付费等方式，帮助中小企业减少软硬件投入成本，降低安排部署、业务协同和组建转型团队的时间成本。另一方面，数字技术提供个性化、柔性定制解决方案，搭建数字化平台，如供应链和产融对接，帮助中小企业打通供应链，获取融资资源，实现精益生产、敏捷制造、精细管理和智能决策。

## 二、数字产业的机遇和挑战

面临数字经济浪潮的冲击,产业创新的路径和模式发生了显著的变化。主要困境或挑战可归纳为三个方面:数字产业化、产业数字化和数据价值化。

数字产业化即产业再造,指利用数字技术将传统产业转变为数字驱动的产业,从而实现高效、灵活和智能的运营。当前数字产业化面临技术的引领与挑战、产业结构的重塑、政策与法规的配套三大机遇与挑战。首先,对技术的引领与挑战而言,数字产业化不仅意味着技术的更新,更是一种对传统产业模式的颠覆和重构。例如,利用云计算、大数据和人工智能等技术,企业可以实现生产流程的自动化、优化和智能化。然而,企业也面临技术应用瓶颈、成本高、技术人才短缺等问题。其次,数字产业化推动了产业结构的重塑,如新的商业模式和服务模式的出现,同时也带来了传统产业与新兴数字产业的合作与竞争,如何平衡这种合作与竞争是产业创新面临的一个问题。最后,为了推动数字产业化,政府需要出台相应的政策和法规,包括但不限于技术标准、数据安全、知识产权保护等,以创造有利于数字产业化的法律环境和市场环境。

产业数字化即产业升级,指利用数字技术,如大数据、人工智能、区块链等,对产业的各个环节进行数字化改造,以提高生产效率和创新能力。当前产业数字化面临数字技术的融合应用、数据的价值发掘、组织与文化的变革等三方面机遇与挑战。首先，产业数字化要求企业不仅应用单一的数字技术，还要实现多种数字技术的融合应用，如通过物联网、大数据、云计算和人工智能等技术的综合应用，实现产业运营智能化和效率大幅提升。其次，在产业数字化过程中，会产生大量数据。如何通过数据分析和数据挖掘，将这些数据转化为有价值的信息和知识，以支持决策和创新，是产业数字化的核心内容之一。最后，产业数字化不仅是技术的变革，更是组织结构和企业文化的变革。企业需要建立一种愿意尝试、学习和创新的文化氛围，以支持产业数字化的实施和推进。

数据价值化即产业衍生，指通过分析和利用大数据，将数据转化为有价值的信息和知识，进而推动产业的创新和发展。当前产业数字化面临数据的质量与完整性、技术与人才的需求、数据的安全与隐私保护等挑战。首先，企业需要在数据采集、清洗和管理上进行投资，以确保数据的高质量和完整性，这是数据价值化的基础。其次，数据价值化需要依赖数据分析和挖掘的技术，同时也需要有数据分析和应用的人才，这对企业的技术和人才培养提出了新的要求。最后，在数据价值化的过程中，数据的安全和隐私保护是不可忽视的问题，企业需要在确保数据安全和保护个人隐私的基础上，推动数据的价值化应用。

综上所述，数字产业化、产业数字化和数据价值化是产业创新面临的重要挑战，也是产业创新的重要方向。

## 三、数字产业的治理策略

数字技术催生了互联网平台，成为推动共享经济壮大的创新连接框架。它为互补性产品和服务提供共享服务的平台，① 为商家的价值创新提供新的商业基础结构，企业寻求通过平台与不同的参与者交互协作，以期达到共同创造价值的目的。产业互联网平台则基于行业经验知识为行业上下游企业提供解决方案。② 学界对产业互联网平台的定义有所差异，但本质上都视其为一套资源体系，能将其与外部利益相关方联结，构建多边市场，并参与多个产业价值链的各个环节。因此，可参考相关研究，③ 将产业互联网平台定义为通过数字技术构建互联网平台，连接产业链的利益相关方，打造多边市场主体的价值共创空间，推动产业链和供应链各环节的成本降低和价值创新，增强供需各方的精准对接与资源转换效率。

---

① Nambisan S, "Digital entrepreneurship: Toward a digital technology perspective of entrepreneurship," *Entrepreneurship Theory and Practice*, 41 (2017).

② Zhang X, Ming X, Bao Y, et al., "Industrial Internet Platform (IIP) enabled Smart Product Lifecycle-Service System (SPLSS) for manufacturing model transformation: From an industrial practice survey," *Advanced Engineering Informatics*, 52 (2022).

③ 周文辉、刘德武、朱赛：《产业互联网平台构建路径：创业共创视角的案例研究》，《研究与发展管理》2023 年第 1 期。

## (一) 平台赋能

赋能的概念最初来自心理学领域，意指赋能主体向被赋能者转移某种权力或能力，让其获得更高的控制权或自我效能。赋能主要包括三个核心维度：结构赋能、心理赋能及资源赋能。① 结构赋能着重于提升客观外部条件，通过优化制度或组织结构，将权力转交给原无权之人，使其获得信息、资源和机遇。心理赋能主要围绕意义感、自我决定和影响力展开，通过提供心理和情感支援，培养组织支持性氛围，进而激发员工的内在主动性。资源赋能则侧重于获取、掌控和管理资源的能力，包括获取、整合和释放资源的能力，覆盖资金、技术、专业知识和技能等领域。从赋能能力角度看，平台赋能可分为智能能力、连接能力和分析能力。这三种能力的综合运用能够提高企业在数据接收、获取及分析等方面的水平。② 拥有数字基础设施的平台，通过多种业务功能布局与技术架构设计，向企业提供多样化的数字产品和数字服务。通过与企业的互动合作，为其赋予相应的数字化能力，协助企业摆脱传统的运营模式，快速推进其转型和变革，以实现赋能效果。③

---

① 林楠、席酉民、刘鹏：《产业互联网平台的动态赋能机制研究——以欧冶云商为例》，《外国经济与管理》2022年第9期。

② Lenka S, Parida V, Wincent J, "Digitalization capabilities as enablers of value co-creation in servitizing firms," *Psychology & Marketing*, 34 (2017).

③ 陈剑、黄朔、刘运辉：《从赋能到使能——数字化环境下的企业运营管理》，《管理世界》2020年第2期。

从生态过程来看，产业互联网平台赋能遵循"主题识别—赋能构想与发展—赋能实施"的逻辑路径，并展现出"连接赋能—合作赋能—生态赋能"的动态演化过程。① 其中，在平台化阶段，产业互联网平台的赋能主要集中在平台化创新任务的资源拓展上，通过核心技术与优秀人才的紧密结合，推动服务平台的建设和服务模式的创新，有效地联结平台用户，助力实现"连接赋能"。在智慧化阶段，产业互联网平台赋能以智慧化运营为目标展开资源扩张，基于平台累积的用户和交易数据，将专家知识融入关键技术应用中，推动智慧交易、智慧物流、智慧风控体系的构建。通过优化产能、运力、仓储等各方面的供需匹配和产业链信息的联动，助力实现协同赋能。在生态化阶段，产业互联网平台赋能以生态化协同推动形成开放性、非平衡态、非线性作用、涨落波动的嵌入式创新生态系统。② 其核心是融合资源，利用平台积累的服务商资源、产业链数据和专业知识，将产业思维融入新兴技术进展中，以此推动产业链升级；助力构建产业链的可信交易体系和自主生态圈的便捷流通体系，赋予产业生态圈全流程的溯源能力，促进产业链上下游企业的全面协同进展，助力达成生态赋能。

---

① 林楠、席酉民、刘鹏：《产业互联网平台的动态赋能机制研究——以欧冶云商为例》，《外国经济与管理》2022年第9期。
② 赵红、张昆灿、姚鸽：《嵌入式创新生态系统平台赋能模型构建与仿真》，《同济大学学报（自然科学版）》2023年第5期。

从经营过程来看,产业互联网平台赋能机制遵循"研发赋能—生产赋能—经营赋能"的逻辑过程。① 就研发赋能阶段而言,平台识别企业在数字能力方面的需求,构建定制化的解决策略。用户可以在生态圈内对策略设计提出意见,实现用户主导的价值共创。就生产赋能阶段而言,平台根据定制解决方案,通过订单、模具和质量联网实现集中购买或一站式购买,达成各环节联动、人机合作及生产流程全面监控的智慧生产。就经营赋能阶段而言,生产环节完毕后,平台快速分析市场并拟定准确的营销策略,为企业内部的人力、财务和法务等部门构建相应的智能经营控制系统,实行产品的智能仓储、精确配送及物料实时追溯。在售后服务方面,通过智慧服务平台实现企业与用户的即时交互,构建以用户为中心的全流程服务体系。

(二)平台赋能与产业创新发展

平台赋能通过构建数字平台,为产业和企业提供开放、共享和协作的环境,从而促进数字技术的应用和创新。平台赋能在推动数字产业化、产业数字化和数据价值化的进程中显示出不可忽视的力量。这种力量来源于平台技术的核心优势以及平台模式对现代产业结构的创新。

在数字产业化方面,平台赋能通过技术支撑、创新驱动力、资源整合、市场拓展与合作、生态系统的构建等多种途

---

① 吕梓薇、张宁、程馨:《工业互联网平台数字化赋能过程研究——以海尔卡奥斯为例》,《管理案例研究与评论》2023年第3期。

径发挥助力作用。就技术支撑而言,产业互联网平台通过提供云计算、大数据、人工智能等核心技术的支撑,使企业能够在生产、运营和管理等多个环节实现数字化转型。例如,通过云计算和大数据技术,企业能够实现生产数据的实时监控和分析,进而优化生产流程,提高生产效率。就创新驱动力而言,平台模式鼓励开放创新和协同创新,通过构建开放的创新生态系统,聚集多方创新资源,推动技术和模式创新,进而推动数字产业化的进程。例如,企业可以通过平台连接到创新者社区,共同探索新的业务模式和技术应用。就资源整合而言,平台通过整合产业链上下游的资源,创建多方共赢的价值生态,使企业能够在数字基础上实现资源的优化配置和利用,推动数字产业化的进程。就市场拓展与合作而言,数字平台为企业提供了更广阔的市场和合作机会,促进了跨产业、跨领域的合作与交流,进而加快了产业的数字化发展。就生态系统的构建而言,通过平台,企业可以与多种合作伙伴,如技术提供商、数据供应商、创新企业等形成一个开放的创新生态系统,推动产业的数字化转型。

在产业数字化方面,平台赋能通过数据交换与共享、智能化服务、网络协同、数字技术应用等途径发挥助力作用。就数据交换与共享而言,产业互联网平台为企业和其他利益相关者提供了一个开放、透明的数据交换和共享环境,使数据能够在产业链的各个环节之间流动,从而提高了数据的利用效率,推动了产业的数字化。在智能化服务方面,通过人工智能、大数据分析和机器学习等技术，产业互联网平台可以为企业提供智能决策支持、市场分析和运营优化等服务，进一步推动产业数字化。就网络协同而言，产业互联网平台提供了一个共享、协同的网络环境，使企业、供应商和消费者能够在一个共享的数字平台上实现协同和互动，进而推动了产业链的数字化和优化。就数字技术应用而言，产业互联网平台通过引入和集成先进的数字技术，如云计算、区块链、物联网等，促进了数字技术在产业中的广泛应用，为产业的数字化提供了强有力的技术支撑。

在数据价值化方面，平台赋能通过数据分析与洞察、数据驱动的决策、数据资产化等途径实现数据价值化过程。就数据分析与洞察而言，产业互联网平台通过连接企业、消费者和其他利益相关者，汇聚了大量的多元化数据。平台通过先进的数据处理技术，对聚合的数据进行清洗、整理和分类，再运用大数据分析、机器学习和人工智能等技术，对数据进行深入的分析和挖掘，从而发现数据中隐藏的模式、趋势和价值，为企业提供有价值的洞察和建议，帮助实现数据价值化。通过数据分析和 AI 技术，平台使企业能够基于数据作出更精确和有效的决策。在数据资产化方面，平台通过数据交易和共享，帮助企业将数据转化为有价值的资产，实现数据的价值转化和流通。

（三）平台异化：过度竞争与隐蔽性管制

"平台异化"是指在数字平台经济中，由于平台的垄断地位和算法的运用，市场和社会关系出现的某些异化现象。平台异化最典型的表现形式为平台的过度竞争及隐蔽性管制。对于前者而言，数字平台经济中的网络效应和规模经济易导致市场的集中。当一个平台吸引了大量用户和商家时，其吸引力会随着规模的扩大而增大，从而形成"赢者通吃"的市场格局。这种垄断趋势可能会压缩市场多元性，影响小型和新兴企业的生存和发展空间。并且，在竞争激烈的市场环境下，平台企业可能会过度投入资源以求扩大市场份额，包括大量的广告支出、低价补贴等。这种过度竞争可能导致市场的短期泡沫和长期的不稳定。隐蔽性管制主要是指通过算法来实现对市场和用户行为的管制和影响。在数字平台中，算法起着核心的作用，决定了信息的分发、商品的推荐和价格的设定等。但是，算法的运作通常是不透明的，甚至存在歧视、偏见和操纵市场的风险，比较典型的是会带来价格歧视、信息过滤和偏见、市场操纵、数据隐私和安全问题等突出问题。隐蔽性管制会对市场公平和社会公正产生负面影响，而且其隐蔽性使市场和社会监管面临更为复杂和困难的挑战。

从结构上看，平台还存在分层异化的现象，即向外挑战公众利益，向内压缩用户利益，从而危害公共价值。[①] 就向外挑战公众利益而言，平台的市场价值生成可能催生出与公共利益不一致的行为。为了缩减合规开销、缓解业务发展限

---

[①] 许荻迪：《平台势力的生成、异化与事前事后二元融合治理》，《改革》2022年第3期。

制、快速拓展及实现更多价值，平台可能会公开或隐秘地抵抗公共利益和监管措施，有意将责任推向他人，进行监管套利。在这种情况下，平台的市场价值创新呈现出异化现象，在平台市场之外的更广泛领域产生负面的外部影响，干扰市场和社会稳定，孕育系统性的风险和显著的社会影响，对公共利益构成挑战。就向内压缩用户利益而言，平台公司的价值获取促使与公共利益不相符的行为发生。当平台公司在追求个体利益与整体平台市场的价值增长之间产生利益矛盾时，平台公司可能会执行不利于用户和整体平台市场效率提升的价值分配策略。特别是平台对于用户而言会存在过度攫取租和过度攫取利润的双重异化行为。在过度攫取租中，平台企业借用未言明的隐蔽框架，即由代码、算法和数据构建的交互界面，将筛选后的有限选择呈现给用户，影响和限定用户在平台上的行为，从而以隐蔽的过程收取更多的租。此外，平台还构建了可操纵的定价体系，以最大化自身价值获取为目标，设定针对用户的价格，控制用户间的定价，旨在夺取更多的生产者和消费者剩余，扭曲平台市场的整体最佳交易规模和价值最大化目标。在过度攫取利润中，平台为了追求更多的利润，倾向于在横向跨界盈利模式下开展"自己人优待"，即平台将那些利用其自营横向服务的用户视为"内部人"，在核心服务方面提供额外的优惠和优势，而将其他用户视为"外部人"，使他们在竞争中处于不利地位；而在纵向跨界盈利模式下开展"自我优待"，平台在其主导的市场空间内,同时担任用户角色开展自营业务,既扮演"裁判员"角色,又充当"运动员",在与其他普通用户的竞赛中,利用核心服务获得额外的优势和不公正的利益。从以上两方面实现歪曲和削减其他用户所得到的服务和效益,以获取超额扭曲利润。

## 第二节 数字社会治理

### 一、数字社会的形态特征

在当前的全球背景下,大数据、物联网、云计算和区块链等技术以其数字化、网络化和智能化的特点快速崛起,助推了数字经济和数字社会的繁荣发展。[①] 数字社会基于互联网和移动网络技术构建而成,是由人、物理世界、智能机器、虚拟信息世界构成的四元社会,其核心要素是对人和物的数据化处理。[②] 在数字化的社会环境中,个人能够在任何时间任何地点生成数据和数据流,利用这些数据流来改善自己的生活、职业和社交等多方面的社会活动。[③] 特别是现代

---

[①] 魏礼群、顾朝曦、倪光南等:《数字治理:人类社会面临的新课题》,《社会政策研究》2021年第2期。

[②] 吕鹏:《智能社会治理的核心逻辑与实现路径》,《国家治理》2021年第42期。

[③] 吕鹏:《数字孪生城市:智能社会治理的基础架构》,《国家治理》2023年第11期。

信息技术的进步催生了具有四维空间特性、去中心化、扁平化、碎片化、资源整合、智能化和数字化等多种社会管理特质的信息社会环境。这清晰地将数字社会和工业社会区分开来，并有力地打破了工业社会中的集中化、大规模化、中心化、固定化和三维空间化等传统社会管理特性。[①]

从组织及组织运行看，数字社会具有组织成员的持续学习与适应性、社会组织的开放与协作文化及组织运行的数据驱动决策等三个层次的特点。组织成员的持续学习与适应性表现为组织成员通过技能升级和自动化工具的应用，将重复性和低价值的工作自动化，从而将更多时间和精力投入到更具创意和创新性的任务中。智能化的在线学习平台和资源也使组织成员能够更容易地获取新知识，提高个人能力，使自身的智能化水平快速提升、融合，以适应不断变化的工作需求。社会组织的开放与协作文化则更多表现为社会组织内部及各类社会组织之间通过数字化、网络化、智能化的三化融合实现多维度整合、交叉、互动，并鼓励内外部协作，以促进创新和资源的有效利用。组织运行的数据驱动决策则表现为社会组织通过采集和智能化实时分析大数据，帮助社会组织实时了解其运行状态和外部环境变化，并能够更快速和更准确地理解其服务对象的需求和预期，以作出及时响应，同时也能评估其服务的效果，有力保持组织的灵

---

① 王谦：《数字治理：信息社会的国家治理新模式——基于突发公共卫生事件应对的思考》，《国家治理》2020年第15期。

活性和竞争力。

　　从虚实结合来看，数字社会具有人际世界虚拟化、物理世界数字化、智能机器泛在化、虚拟世界常态化及四元空间融合化等特征。① 人际世界虚拟化表现为数字社会通过网络平台和社交媒体，使个人能在虚拟空间中建立和维护社交关系。这种虚拟化的人际交往打破了地理和时间的限制，使社交活动更为便捷和多样。物理世界数字化表现为通过传感器技术和物联网的应用，数字社会能够将物理世界的对象和事件转化为数字数据。这种数字化的过程为分析物理世界提供了丰富的数据基础，同时也为智能应用和服务的提供创造了可能。智能机器泛在化表现为随着人工智能和机器学习技术的进步，智能机器和设备已经成为数字社会的常见元素。这些智能机器不仅能够执行重复性的任务，还能够通过学习和优化，具备一定程度的独立性，参与人类社会的运转，并提供更为智能和个性化的服务。虚拟世界常态化表现为在数字社会中，虚拟世界不再是一个孤立的空间，而是成为日常生活和社会活动的重要组成部分，虚拟世界与真实世界将建立起更加紧密的联系。从虚拟办公到在线教育，虚拟世界的常态化为社会的运行和发展提供了新的可能和资源，同时也给个人隐私、企业信息安全和国家安全带来风险。四元空间融合化表现为在数字社会中，人类、物理空间、智能机器和虚

---

　　① 吴朝晖：《四元社会交互运行，亟须深化数字治理战略布局》，《浙江大学学报（人文社会科学版）》2020年第2期。

拟信息世界这四个元素相互交织、互动和融合，形成了一个多维、动态和交互的社会空间，并催生了互动性增强、信息流动性、实时响应与优化、服务个性化与智能化、创新与协作的可能性增加、安全与隐私保护的挑战等新特点。四元空间融合化揭示了数字技术如何影响和改变社会空间的构成和运作机制，也为社会的创新和发展提供了新的可能和机遇，为未来社会的研究和实践提供了宝贵的启示。

## 二、数字社会关系的去中心化与再中心化

现代制度的重要贡献之一是将以王权为代表的、高度集中的传统社会转变为以分权制衡为标志的国家－社会二元结构，为多元化的自由主义理念铺路。步入数字社会后，过去的交易经济逐渐演变为分享经济，催生了前所未有的"大平台"与"微时代"，并形成了"去中心化"的技术和文化基础。[①]"去中心化"最初源于自然生态学的理论，描述了自然界在演变过程中缺乏一个固定不动的核心。计算机技术凭借其广泛传递信息的强劲能力，正在构建一种"处处皆中心，无处是边缘"式的新型权力结构。[②] 而早期万维网的"去中心化"试验也表明，互联网的初衷是构建一个去中心

---

① 马长山：《数字社会的治理逻辑及其法治化展开》，《法律科学（西北政法大学学报）》2020年第5期。
② 朱荣琛、易婉婷、周嘉豪：《"去中心化－再中心化"：后真相时代主流媒体话语权的重塑》，《采写编》2023年第1期。

化的空间。也就是说,在网络空间中鲜有特权和偏见。[①] 特别是由"互联网—物联网—人联网"的演进引发了一场扁平化、多元化、自由化的自我赋权和规制变革,随后以自助式、网络化的商业形态取代了传统的管道式线性商业模式,重塑了价值互动过程中价值创造与分配的关系。同样地,区块链技术呈现为一种分布式分享的系统架构。在这种信息化、数字化的大背景下,我们看到了从"关系社会"向"微粒社会",从"理性人"向"微粒人"的重要转变。由此,多元参与、分散治理变得流行,成为一个时代的趋势。从现实考证看,中国互联网络信息中心(CNNIC)公布的《第50次中国互联网络发展状况统计报告》显示,截至2022年6月,中国的互联网普及率已达74.4%,网民人数高达10.51亿。其中,短视频用户增长最为显著,数量达到9.62亿,占网民总数的91.5%。由此可见,在现行的网络传播环境中,去中心化传播系统的节点分布非常广泛。

但以数字信息技术为支撑的去中心化过程很快受到以攫取和扩张为天性的资本的入侵,又反过来利用技术实现算法管控和财产的排他性占有,平台重新成为形成吞噬流量的超级黑洞和重塑中心的黑箱。也就是说,这种种去中心化的背后,实则有一种再中心化的趋势在逐渐显现。或者说,它实际上是一种表面上的去中心化,但实质上是再中心化。尤其

---

① 陈全真:《生成式人工智能与平台权力的再中心化》,《东方法学》2023年第3期。

是"平台权力"的一步步强化，平台形成伊始对传统社群治理的消解在规则、利益甚至平台与政治的合谋中又再次进行刻意弥合。这种弥合在移动网络技术和营造的舆论浪潮中相较过去的社群治理甚至更加泾渭分明，极端情况下有很大可能且已经在某些地区有所显现，形成非此即彼、非黑即白的极端社群治理格局，一些社会鸿沟进一步加深。社会网络的中心再次回到平台及平台背后势力控制或刻意培养的意见领袖、大型机构的身上。更何况在缺乏规制或存在不公平规制的治理环境中，各种被默许的不合理或非正规甚至违法的删帖、屏蔽和"水军"操作，将看似去中心化的参与和治理格局隐蔽地消解了。另外，技术本身的漏洞或者被刻意制造和保留的漏洞，也让宣扬的公平和去中心特点并不显得无懈可击。典型的如区块链的去中心化、分布式和不可更改的信用机制就过于理想化，因为广播与验证过程需依赖算力完成，拥有充足算力的一方便拥有验证的权力；而所谓的"不可更改"也非绝对，从矿工到矿池的演进、拥有51%挖矿哈希值对区块的改变到操纵等，都体现了这一点。因此，一方面，去中心化的过程事实上也展现了泛中心化的趋势，对于一些无关紧要或利益纠葛不多、资本尚未进入的事件、领域，去中心化导致整个传播系统内部涌现众多中心，个体用户节点对原有中心的依赖程度减少，同时节点自身也有可能成长为新的中心。另一方面，随着平台资本主义或数字资本主义的强大，对那些重点领域或有望成为利益、政治博弈的领域，算法控制、舆论管控不仅会推动再中心化的过程，也会提升中心与边缘的等级划分，一般个体试图进入中心变得更加遥不可及。

数字时代的生产和生活模式正在通过去中心化的途径颠覆传统工商业时代的生产生活模式，并在解构与重组的过程中达成了再中心化。

### 三、数字社会的治理困境

(一) 数字社会的平台私权力及其滥用

相较于政府的公权力，平台的权力通常被标记为"私权力"。[①] 随着大数据时代的降临和人工智能算法技术的飞速进步，各种平台作为大数据的持有者利用智能算法不断将其自身意图传达给用户，以影响人们的决策行为。在资本和技术的双重推动下，平台逐渐转变为控制人们信息接入的统治者，最终壮大为拥有强劲技术支撑的私人力量。同时平台在实际运营，尤其在与用户、服务提供商及利益相关者的关系中，进行某种"私治理"。过去主流观点认为平台给个人创造了自由表达的空间，不仅在于平台所体现的媒介手段使个人表达更为便捷，并且最初的匿名化的方式以及完善的信息跟踪技术也让表达看起来未显现出受威胁或裹挟。但现实却是由于平台私权力滥用，这种自由表达实际仅仅是一定程度

---

① 周辉：《技术、平台与信息：网络空间中私权力的崛起》，《网络信息法学研究》2017年第2期。

的有限自由而已。内容审查与管理、算法过滤与个性化推送、数据控制与隐私侵犯、市场垄断与选择权的缺失、透明度缺乏与问责机制不足及商业利益与公共利益冲突等私权力滥用,使公共话语表达成为有意选择和引导的虚假自由。这种虚假或有限自由最初事实上以平台所具有的开放性为主要价值理念进行宣传、推进并演化而来,这种宣称的平台开放性所形成的多主体交互的松散耦合的生态系统由于监管缺失及平台资本刻意主导也产生了更多可利用、可垄断、可寻租的资源。在利益驱使和算法黑箱的掩饰下,参与主体实际上面临更多的角色模糊性、系统性冲突、主动性机会主义行为等开放性陷阱,自由表达成为一个需要付出巨大代价的风险性行为。

**1. 平台私权力的演进:算法黑箱、算法监管缺失与算法权力的膨胀**

随着人类社会由信息化时代转入智能化时代,平台除了具有信息汇总、展示和促进交流的基本功能之外,"思考"和"决策"等高阶功能也应运而生,背后的核心是算法的兴起。表面上,算法只是一种传播技术工具,通过个性化推荐,使社交平台更好地了解用户偏好,提高传播效率并增强用户黏性。事实上,算法的力量远比想象的强大,算法权力正在逐渐形成一种"准公权力",或者说是一种"私权力",可以说掌握算法即享有权力,通过操纵算法,即可影响社交导向和社群格局。因此,从这一层面看,平台私权力的演进事实上也是算法权力不断膨胀的过程。算法权力膨胀从本源看来自于算法黑箱的特性。复杂的算法工作原理通常对用户和公众保持不透明，形成了所谓的算法黑箱。这种不透明导致用户无法理解和预见平台的决策逻辑，并且从技术和知识产权角度看，通过公权力介入或社会监督参与的方式打开算法黑箱又存在诸多阻碍。这使算法黑箱特性成为算法权力膨胀的重要动力源，并且随着新思想新技术不断滋养算法成长，算法权力逐渐从帮助平台掌控传播话语权上升为利用算法权力与政府分割公权力，并进而操纵算法权力，铸造平台帝国。[①]

**2. 平台私权力滥用造成表达权有限自由的危害**

平台私权力的滥用在多个方面限制了用户的表达权和自由，从而对个体和社会产生一系列负面影响。

一是阻碍思想交流与进步。在数字时代，社交平台成为人们表达和交流的主要场域。一方面，技术如算法过滤为言论传播提供了一个相对安全的环境，有助于降低言论的潜在风险，维护社会秩序。另一方面，这些技术的应用也限制了用户的表达自由，尤其当它们受到平台特定价值倾向的影响时。首先，技术并非中立，尤其是基于算法的过滤技术，它可能反映设计者的特定偏好和价值倾向。平台可基于自身的价值判断对用户的言论进行筛选和过滤，但由于算法难以完全理解人类多元化的价值判断，这种过滤可能会导致预设、偏向于平台价值观的结果。这不仅阻碍思想的交流和进步，

---

① 闫宇晨：《社交平台私权力的滥用及其治理》，《公共管理与政策评论》2023年第4期。

而且可能导致文化区隔和社会分层，影响社会公平。其次，过滤技术的界限不明确且在法律层面存在很多不确定性。例如，欧盟和中国的相关立法要求平台采取适当的过滤技术来履行监管责任，但"适当""必要""相称"等表述的模糊性导致实际效果并不理想。这种法律不确定性给平台的规则执行和司法判决带来了困境。此外，平台上存在大量的合理使用情形，如为评论或说明问题适当引用他人作品。但现有技术难以准确区分思想与表达，识别侵权与合理使用，导致过滤技术的不当应用，妨碍思想自由和创新进步。最后，相较于传统的言论审查，基于代码的过滤技术对公众而言是隐蔽甚至不可知的。公众在毫无意识的情况下被过滤了发言，而对侵犯言论自由的情况毫不知情，为公众权利的救济带来困难。

二是公众讨论空间的收缩。当平台成为主要的信息和交流场所时，它们的政策和规则将直接影响公共讨论的质量和范围。过度的控制和审查会抑制公共讨论，阻碍社会创新和民主参与。首先，平台为了维护自身的商业利益、避免法律风险或响应政治压力，采取内容审查和过滤的措施。这种做法会排除某些敏感、争议或非主流的话题和观点，从而限制了公众讨论的宽度和深度。其次，平台的推荐算法根据用户的历史行为和偏好，将用户限制在信息泡泡（echo chamber）中，使其只能接触到与自身观点和兴趣一致的信息，加剧社会分化和极化。此外，平台的内容政策和实施规则通常缺乏透明度，存在不一致性。用户很难理解和预测平台的审查标准，这种不确定性会导致用户自我审查，避免发表可能被平台判定为违规的内容。最后，过度的审查和规制会让用户避免尝试新颖或非传统的表达方式，从而降低了公共讨论的活力和创造力。

（二）数字社会表达自由的放纵

伴随数字社会而生的是我们已然进入了后真相时代。"后真相"的核心理念指的是信息认知的焦点已从事实真相转向以情感为导向的"后真相"，具体体现在公众对信息的情感认知已超越了对事实真相的追求，而且，这种偏向情感的内容通常比理性内容更易传播。因此，真相的缺失在后真相时代成为一个严重的问题。具体来说，主要体现在以下两个方面。

一是群体极端化。当表达自由被刻意放纵时，参与者会呈现两极分化的态势。换句话说，在现行的网络传播景象下，持同样立场的人群聚集之际，最初的观点或与隐蔽价值导向相一致的群体往往会得到进一步强化，而持不同的看法或与该价值导向相悖的群体则可能会受到打击或排挤，最后导致群体意见的极端化，产生"网络回声效应"。隐蔽价值导向通过情感互动并佐以计划性的舆论宣传、定制的算法推荐机制煽动群体对立，造成不明就里的公众在舆论裹挟下进一步强化仅按照个人的情感认知来进行判断的思考模式以及信息过滤和确认偏见，并最终造成整个社会淡化追求真相，陷入以自我情绪进行认知和判断，进而发展为专注群体对抗的自旋体系。群体极端化不仅局限于观点的强化，更可能演变为具有攻击性和排他性的群体性网络暴力。这种暴力目的是压制和消除不同的声音，进一步加深了社会的分化和对立。

二是信任危机。数字平台中刻意放纵的表达自由催生了众说纷纭的网络舆论场，人们在面对大量迎合个人情感和立场的谣言和假新闻时，往往不加甄别地选择信任，而对于媒体所发布的真相则持怀疑态度，从而导致媒体整体的公信力下降。其表现为数字平台通过算法推荐机制，不断地将符合用户喜好和立场的信息推送给用户，使用户陷入了所谓的"过滤泡泡"中。每个用户都生活在由算法定制的信息茧房中，群体间的理解和信任逐渐削弱，进一步加剧了社会的信任危机。缺乏透明度和责任制度的数字平台的运作机制，也使公众对平台的信任下降，叠加平台对假新闻和误导性信息放任不管，更是直接导致公众对平台的失信。当舆论反转发生时，民众往往更倾向于信任那些符合自己情感认知和情绪的虚假信息。在数字平台的推动下，各种情绪化的信息得以迅速传播和放大，最终导致舆论对事件真相的信任丧失，对各种情绪化的信息产生信赖。

## 四、数字社会的治理策略

### （一）平台化变革下公众参与的新模式

在数字社会的背景下，公众参与呈现出全新的模式和特点。这一变化不仅是技术的革新，更是一种社会变革的体现，尤其是平台化变革重新定义了公众参与的方式和内容。

首先，数字社会是高度互联的社会，信息传播的速度和范围都大大超过了传统社会。在这种背景下，公众参与不再局限于物理空间，而是可以通过各种线上平台实现。这种线上的公众参与方式不仅方便快捷，还可以覆盖更广泛的人群。其次，数字社会改变了公众参与的内容。传统的公众参与往往围绕着政府或社区组织的活动展开。在数字社会中，公众参与可以是多元化的，包括但不限于社交媒体上的讨论、线上投票、网络社群的互动等。这种多元化的公众参与方式使每个人都可以根据自己的兴趣和需求选择参与的方式和内容。最后，数字社会还促使公众参与变得更加个体化。在传统社会中，公众参与往往是集体行为；在数字社会中，平台化赋予了每个人通过个体的方式来参与公共事务的机会。这种个体化的参与方式不仅可以满足个体的需求，还可以发掘更多的创新点和潜力。

平台化变革下的公众参与也带来了一系列的问题和挑战。首先是信息过载的问题。由于信息的传播速度非常快，人们很容易被大量的信息淹没，使公众参与变得更加困难。其次是数字鸿沟的问题。虽然数字技术可以使更多的人参与到公共事务中来，但它也加剧了社会的分化，使一部分人因为技术的限制而无法参与。最后是虚假信息的传播问题。数字社会中信息的真实性更加难以把握，给公众参与带来了很大的困扰。

尽管如此，我们还是可以看到平台化变革下公众参与的巨大潜力和价值。通过合理的设计和引导，利用数字技术促进公众参与，使其变得更加高效和有意义。首先，通过数据分析来更好地理解公众的需求和意见，使公众参与更加有针对性和有效。其次，利用数字技术创建更多的公众参与平台，使公众参与更加便捷和多元。最后，通过数字技术提高公众参与的透明度和公信力，增强公众的信任和参与意愿。

数字社会及其平台化变革背景下的公众参与是一个多元化、个体化和高效的参与方式，不仅可以满足公众的需求，还可以促进社会的进步和发展。同时，我们也应该注意到它带来的问题和挑战，通过合理的设计和管理来克服这些问题，使数字社会背景下的公众参与更加健康和有益。在未来的发展中，我们期待看到一个更加开放、包容和有活力的公众参与模式，让每一个人都可以在数字社会中找到属于自己的参与方式和位置。

（二）建立有效的公共参与机制

在数字社会的背景下，平台化中的公共参与机制的构建不仅是技术上的挑战，更深层地触及政府治理框架和公民权益的哲学议题。当前，我们正站在一个历史的交汇点，数字技术正在重塑我们的社会构造及我们作为公民的身份。在这一背景下，建立有效的公共参与机制不仅是挑战，也是一个必要的任务。透明度和公众信任成为这一任务的核心要素，它们共同构建了一个健康、活跃和有生产力的数字社会。

首先，透明度不仅仅是一个关于信息可访问性的问题，它是一个多维度的概念，涉及到政府决策过程的可见性、可理解性和可追溯性。在数字社会中，要通过创建系统和平台，推动政府决策过程公开以及公民参与政策制定和实施。其次，建立公众的信任机制。信任是一种复杂的心理状态，涉及对他人或系统的信任和依赖。公民需要相信政府有能力和意愿保护其利益。在数字社会中，建立信任的重要方面之一是数据安全和隐私保护。公民需要知道其数据是安全的，以及其隐私是受到保护的。这不仅是技术问题，也是涉及公民权利和政府责任的基本问题。再次，数字鸿沟。虽然数字技术为许多人提供了更多的机会来参与公共事务，但它也排除了那些没有足够技能或资源来使用这些技术的人。为确保所有公民都有平等的机会来参与公共事务，数字社会背景下还需进一步提供数字技能培训，并确保所有人都有对数据的访问权。最后，构建持续反馈和评估机制来监督和改进公共参与机制，包括创建独立的监督机构来监控政府的行为和公共参与的效果。

（三）数字社会中的共享治理：平台化赋予的公众参与机遇

数字社会的崛起已经深刻地改变了我们的生活和工作方

式，也为公共治理带来了新的机遇。平台化治理模式的出现则为公众参与这一过程打开了新的大门。

一是技术驱动的参与。数字平台提供了一个便捷的渠道，让公众能够容易地接触信息、表达见解和投身决策过程。通过在线调查、公众咨询和社交媒体等渠道，公众可以直接向政府提供反馈和建议。这种直接的交互使公众能够在政策制定和实施过程中发挥更积极的作用。

二是更广泛的参与范围。在数字社会中，公众参与不再被地域所限。网络平台让全球的公众有机会深入参与本地、国家或国际层面的议题讨论。这种跨域的参与为治理过程注入了更丰富的视角和资源。

三是更高的参与效率。数字技术提升了公众参与的效率。一方面，网络问卷、电子投票和实时反馈让决策流程更快捷和透明。另一方面，利用大数据和人工智能技术，平台化治理可以实现更精准和高效的决策。通过分析大量的数据，政府可以更好地理解社会需求和趋势，从而作出更合理和有效的决策。[①]

四是社区和地方治理的创新。通过建立地方性数字平台，地方政府和社区可以更好地调动公众参与，以更民主和开放的方式解决地方问题。这为社区和地方治理带来创新的可能。

---

① 魏礼群、顾朝曦、倪光南等：《数字治理：人类社会面临的新课题》，《社会政策研究》2021年第2期。

## 第三节　数字政府治理

### 一、数字社会背景下的国家治理变革

在数字时代，人际互动和信息流动使国家治理从农业社会的单向控制、工业社会的代议互动，转向数字社会的数字协商，其特点包括由过去的"精英政治"与"代议制民主"政治及治理模式转向共商共建共享的全民化的数字参与和数字协商，从粗放、僵硬的管理模式转向了精细、灵活的服务，从以管理工具为核心的理性思维转变为以人为中心的价值导向。①

从由外及内的治理冲突来看，数字社会的国家治理至少面临以下三方面挑战。一是数字社会跨边界特性与地缘政治危机频发下逆全球化思潮涌现的对冲加重了国家治理难度。数字社会通过网络技术消除了传统的地理和时间界限，使信息、资本和技术能够在全球范围内自由流动。其跨边界特性为国际合作和全球化提供了新的机遇，但同时也给国家的主权和安全带来了挑战。国家治理需要应对来自跨国公司、外国政府和国际组织的影响，同时也需要处理跨国网络犯罪和信息安全等问题。二是虚实交融造成的资源属性模糊给有为

---

① 戴长征、鲍静：《数字政府治理——基于社会形态演变进程的考察》，《中国行政管理》2017年第9期。

政府和有效市场的治理组合带来挑战。在数字社会中，物质资源和虚拟资源的界限变得模糊，例如数字资产、数据资源和网络服务等。这种模糊化的资源属性使传统的资源所有权、交易、评估和配置模式面临挑战，给政府和市场的协同治理带来了新挑战。对政府治理而言，有为政府在面对虚实交融的现实时，需要重新定义和评估资源的价值和属性，同时也需要制定和完善相关的法律法规，以保障资源的合理分配和有效利用。对市场运作而言，虚实交融带来新的不确定性和风险，会影响市场的效率和公平性。例如，数字货币和虚拟商品的交易会受到法律和监管的约束，影响市场的自由运作。三是数字化中的全方位信息汇聚和差异化信息传播带来了侵犯隐私、信息不对称与数字鸿沟等治理难题。在数字社会中，大量的个人信息和数据被收集、存储和分析。全方位的信息汇聚使个人隐私处于被侵犯的风险之中，并且伴随着信息不对称和数字鸿沟的问题。例如，拥有更多资源和技能的个体或组织获得更丰富和准确的信息，而弱势群体获取信息困难，使部分人无法充分享受数字化带来的好处。

从治理模式对比来看，数字社会的国家治理与过去的行政治理、市场治理和社群治理既存在关联也进行了适应性调整，表现为以下四层治理转型。[1] 一是聚合多样治理场景的整体治理。组织碎片化、公共服务裂解化以及新公共管理运

---

[1] 黄钰婷、谢思娴、徐青山等：《数字社会治理的理论逻辑与创新实践模式》，《社会治理》2023 年第 2 期。

动带来的过度分权化是现代国家普遍面对的治理难题，数字技术的融合应用可以跨越传统的组织边界，实现政府、市场和社会之间的联动协作。这种多维整合可以提高公共政策的执行效率，改善公共服务的提供。同时，系统思维的成熟和广泛应用使治理普遍遵从统一框架协同考虑，并有效实现了破碎治理、分散治理通过模块化治理走向集中治理和统筹治理。二是敏捷感知公众需求的精细治理。数字社会背景下，传统社会的"冲击－回应"式应急型治理、"请求－响应"式被动型治理等模式越来越受到快速变化的社会需求和日益苛刻的舆论环境的影响，要求把握时间节点、做到及时回应、实现精细治理成为新的国家和社会治理要求。三是开放吸纳治理单元的小微治理。小微治理倡导将基层社区、非政府组织、民间团体等多种治理主体纳入治理体系，构建一个多元化的治理框架。借助数字技术的支持，小微治理模式实现了治理信息的实时共享和交流，大大增强了治理的透明度和效率。这种治理模式强调公众的自治和参与，通过构建多样的小微载体和平台，公众能够直接参与社区公共事务的管理和服务，从而使公共服务更贴近公众需求，提高了服务的有效性。小微治理模式的灵活多样性为政府和社区提供了一个功能互补的治理体系，政府负责宏观层面的政策制定和监督，社区和民间团体负责微观层面的服务提供和管理，实现了治理的高效与灵活。此外，小微治理模式也是社会治理创新的重要方向，帮助政府和社会应对数字时代的不确定性和变化，增强了社会治理的适应性和自我调整能力，为平衡发展与安全，增强社会的稳定性和和谐性，以及提升社会的常态运作、动态演变和自我调整能力提供了有力的支持。四是实现多元互动协作的协同治理。在数字时代，集成化的数字技术工具为跨层级、跨地区、跨领域的参与主体提供了广泛的连接，使密切的、直接的、无缝的信息联系与沟通交互成为可能。这不仅促进了决策、管理和服务的协同，提高了治理效能，还强调了多元主体间的协同互动及不同治理手段的互补融合。协同治理理论倡导政府机构、营利组织和公民社会形成一个开放系统，通过有效的互动和高效的协作，共同创造整体的合作效应，产生扩大化的生产力，最终达到最大限度维护和增进公共利益的目的。这样的协同治理模式，不仅拓宽了传统治理的视野，也为现代社会治理提供了新的路径。数字技术的应用为多元互动协作的协同治理提供了有力的技术支持和新的实践平台，使公共治理过程更透明、高效和多元，也为公众参与和多方协同提供了更广阔的空间。深化协同治理的理论研究和实践探索可以进一步推动公共治理的创新和社会的持续发展。

## 二、数字技术在推进国家治理现代化中的角色与作用

数字技术将社会治理与服务的范围从实体空间拓展到了虚拟领域，数字应用逐步渗透到社会的各个层次，为国家治理注入新的任务、赋予新的使命。当前，数字技术正逐步从

组织化运用向社区化应用过渡，推动社会治理框架迎来新的变革。数字技术为社会治理提供了力量，扩展了治理的疆界，丰富了治理的组成部分，优化了治理的构架，助力于建立全面协作的现代化治理体系，对国家与社会治理具有显著意义。[①] 数字技术在推进国家治理体系现代化的过程中起到了以下几个方面的作用。

一是从技术维度上看，数字技术瞄准以效率变革为先导，并通过技术驱动的重构治理组织、优化治理流程、融合治理方式等实现治理模式和效率的现代化转变。首先，数字技术重构了治理组织，促使不同部门和机构之间的协作变得更为简单和高效，为跨领域合作提供了便利。其次，数字技术能优化治理流程，通过自动化和智能化的工具简化流程，为决策者提供及时、准确的信息，以支持其作出更好的决策。最后，数字技术也推动了不同治理方式的融合，通过在线平台将传统服务和数字服务结合，为公众提供更便捷和高效的服务。同时，它也提升了政府的监管能力，通过实时监控和追踪确保法律法规的有效执行。通过推动公共服务创新，满足了公众多元化的需求，并通过社交媒体和在线平台提高了公众对社会治理的参与度。由此可见，数字技术不仅为治理模式的现代化转变提供了强大的技术支持，也显著提高了治理效率和效果，为构建全方位协同的现代化治理体系

---

① 孟庆国、郭媛媛、吴金鹏：《数字社会治理的概念内涵、重点领域和创新方向》，《社会治理》2023 年第 4 期。

奠定了坚实的基础。

二是从思想维度上看，数字技术背后多元开放的生态系统性和智能化治理思想，以及数字技术自身不断演化所催生的新理念，使其成为国家治理现代化中的思想变革先锋。首先，多元开放的生态系统性治理思想通过打破传统治理的封闭性和独立性，推动不同主体和领域的交流与合作，并提供了一个共享和协作的平台，为创新提供了肥沃的土壤。这不仅促使治理体系向更包容和协同的方向发展，也为国家治理现代化铺垫了基础。与此同时，这一思想还能为国家治理提供自我优化和演化的可能，使治理结构能够更好地应对社会变化和复杂问题。其次，智能化治理思想的引入，让数据分析、决策支持和实时监控成为可能，从而使治理更精细、高效和人性化。最后，数字技术的不断演化催生了如数据共享、数据驱动的决策、公众参与等新理念，有力推动了治理者从新的视角和层次思考治理问题，并有助于国家治理体系从封闭、僵化向开放、灵活和参与式的方向发展。综上所述，数字技术在思想维度上为国家治理的现代化提供了重要的支撑和启示，为构建更开放、智能和协同的现代化治理体系提供了宝贵的理论资源和实践经验。

三是从文化维度上看，数字技术所塑造的平台化社会运转形态，使其成为国家治理现代化中的文化变革氛围再造者。首先，平台化社会运转形态突破了传统的垂直管理结构，提倡更开放、透明和协作的治理文化，从而促使治理体系变得更包容和多元。其次，数字技术的引入促进了公民参与和社区协作，使治理不仅是政府的职责，更是全社会共同参与的过程，这种转变进一步丰富了治理文化的内涵。此外，数字技术通过提供多种交流和协作平台，促进了不同文化和社区的交流和互动，为国家治理注入了新的活力和创新精神。最后，通过社交网络和数字平台，数字技术提高了公众对社会治理的认识和参与度，促进了公众的民主意识和社会责任感，进一步推动了治理文化的进步和完善。

### 三、数字政府治理的范式变革

自21世纪初期以来，由于其出色的生态联系和资源合并能力、降低交互成本、促进需求与供应的匹配、推动多方供应与合作共同治理等特点，平台得到了各级政府的高度认可。[①] 作为数字经济增长的主要驱动和关键动力，数字平台经过20多年的迅速壮大，已从最初的信息交流媒介演变为集数据聚集、资源整合与要素生成为一体的新型经济核心，为促进经济高品质发展作出了显著贡献。[②]

（一）不断扩张的平台角色

数字经济发展伊始，以互联网为基础衍生的各种交易、

---

[①] 刘家明：《平台型治理：一种新的公共治理范式》，《甘肃行政学院学报》2021年第6期。

[②] 王磊：《走出平台治理迷思：管制与反垄断的良性互动》，《探索与争鸣》2022年第3期。

社交等平台型经济发展模式仅作为效率提升和交往方式跃迁的新形态，以作为原有模式的补充和升级改造。新技术在平台型经济发展模式中的不断应用和创新，使其具备了超越经济性和社会交往性的新角色特征。

一是大型数字平台已具有公共设施的基本属性。大型数字平台由于网络效应和规模效益，通常在市场上形成寡头垄断或垄断地位，使竞争者难以进入市场，同时避免了过度竞争导致的资源浪费。与此同时，大型数字平台提供的服务或产品成为公众日常生活和经济活动中的必需品，例如微信、支付宝等。这些平台成为数字社会生活的入口，公众对其的依赖程度极高。大型数字平台已经嵌入社会生产、公众生活的各个角落。因此，其基本兼具了公共设施的基本属性。

二是大型数字平台承担着规制的公共职能。一方面，大型数字平台通常有权制定平台内的规则和服务协议，这些规定对平台内的经营者和用户具有约束力。另一方面，平台有权对违反规则的经营者和用户进行处罚，例如屏蔽、限流、封号、下架等。此外，一些大型数字平台建立了内部纠纷解决机制，对平台内的纠纷进行裁决。这事实上对应了政府治理中的立法权、执法权和司法权，因此也可以认为大型数字平台通过衍生"准立法权""准执法权""准司法权"实现了规制公共事物的公共职能。

三是大型数字平台可以发挥资源配置和效率优化的推动者作用。大型数字平台集中和整合大量的数据和信息，为企业和政府提供实时、准确的市场和社会动态信息,从而帮助它们作出更为明智和高效的决策。同时,通过算法和数据分析,数字平台能够精准地匹配供需两端,促进资源的有效配置。此外,在政府治理和公共服务方面,数字平台不仅提供了多种在线公共服务,而且通过数据分析帮助政府更好地配置公共资源,提高了公共服务的质量和效率,为社会经济发展和公共治理提供了强有力的支持。

(二)平台治理:治理体系的平台化与平台规制

平台治理可分为治理体系的平台化和平台规制两种类型,分别对应国家权力主导的技术主义路线以及针对超级互联网平台的规制理念和方法的融合创新。[①]

治理体系的平台化是依托于多功能公共平台的空间架构、生态系统资本和协同治理准则,连接并推动多种利益集团的互动协作,以产生公共利益的管理架构。[②] 平台治理将多种利益相关方汇集至平台内,基于生态理论和价值网络观念,通过授权激励促进多方参与者的互动协作、相互推进和共赢共享,进而达到多方提供公共商品、公共服务的协同创新和公共事务的协同治理。与此同时,超级互联网平台作为基础设施,在技术优势和经济活力方面体现出统筹的隐喻意

---

① 姬德强:《平台化治理:传播政治经济学视域下的国家治理新范式》,《新闻与写作》2021年第4期。

② 刘家明、胡建华:《多边平台创建与平台型治理:地方公共卫生应急体系优化的对策》,《中国矿业大学学报(社会科学版)》2020年第2期。

义，发挥其中介作用，避免走向集中化和离散化的两极，旨在融合政府及其他公共实体的开放协作治理方式与多元参与者的供给策略，而非政府单方面的生产平台构架或仅基于信息平台的纯技术理性活动，并充分激发市场和社会参与者的协商互动，提高治理的民主性和能力水准，确保避免治理失效的发生。① 在这个层面上，平台治理与政府作为主导方或次要角色的传统治理形式有所不同，呈现为新兴的治理范式。一些学者将平台治理视为与层级治理等治理模式平行的"第四种治理模式"。②

平台规制主要集中在反垄断和规制模式创新等方面。在反垄断方面，平台规制聚焦于数据垄断、经济垄断以及由此衍生的政治动员力和权力集中化趋势带来的一定程度的政治垄断，力图通过政府监管特别是法律创新以及第三方主体参与治理实现最大程度的平台越界权力的约束。在规制模式创新方面，平台规制多聚焦数字平台性质问题所带来的治理权争议和理论层面治理模式多样性背后的现实差异性。对于数字平台的性质问题，其内容选择和培育的目的性，以及如何调和国家规制与平台的全球性，决定了数字平台是否应按传统媒体政策进行管理；对于治理模式多样性，平台规制分野

---

① 姬德强：《平台化治理：传播政治经济学视域下的国家治理新范式》，《新闻与写作》2021年第4期。

② 刘家明：《平台型治理：一种新的公共治理范式》，《甘肃行政学院学报》2021年第6期。

为多元共治、协同治理的一般模式和"分裂式平台治理"生态的新模式。①

## 第四节 数字全球治理

数字经济和网络政治正催生一种新的全球治理模式,各个大国都试图利用强大的数字经济和网络影响力塑造他国的政治、文化、价值和身份认同,这推动全球治理进入数字全球治理的新阶段。参与数字全球治理不仅需要在传统政治经济领域具备全球影响力,更要在数字经济、数字税、数字货币、数据主权等新兴领域掌握治理主动权,围绕数字技术培育核心竞争力参与数字全球治理,是新治理模式下的必由之路。

### 一、数字化及数字技术加速变革全球治理模式

数字技术革命是当代政府治理变革的基础和推动力。② 人工智能的发展创造了一个高度感知、互联互通、数字化、精准计算、透明和智能化的社会。人工智能的技术迭代和创

---

① 姬德强:《平台化治理:传播政治经济学视域下的国家治理新范式》,《新闻与写作》2021 年第 4 期。
② 陈振明:《政府治理变革的技术基础——大数据与智能化时代的政府改革述评》,《行政论坛》2015 年第 6 期。

新推动了社会治理理念、制度、技术和能力的全面变革，为全球治理带来了发展机遇和重大挑战，① 推动全球治理的治理工具从行政法规工具转向数据驱动工具、治理路径从层级决策转向网络协同共治、治理方式从直接干预转向间接引导、治理主体从国家政府主导转向平台型跨国企业加速渗透。

（一）治理工具：从行政法规工具转向数据驱动工具

在工业社会，全球治理体系主要依赖于各国内部的科层制结构，这种结构建立在工具理性的假设之上。这样的系统通过等级制度和专业化技术分工，试图在全球范围内实现社会治理的规范化、科学性和高效性。然而，由于信息获取的局限性和滞后性，全球层面的科层制常常依赖于融合了理性原则与历史经验的经验理性判断。随着智能社会的到来，智能技术的广泛应用为全球治理注入了新的动力。智能系统能够处理跨国界的大数据，执行曾被认为必须依赖人类经验和智慧的任务，如环境监测、公共健康响应和国际金融监管。数据驱动的工具不仅提高了全球治理的响应速度和弹性供给，而且通过数据共享和用户体验的理念，减少了政府间的互动限制，提升了决策的民主化程度。全球治理的数据驱动工具强化了共治共享的治理理念，体现在数据的非排他性和自主流动性上。在全球层面，数据成为低边际成本的共享资

---

① 陈水生：《技术驱动与治理变革：人工智能对城市治理的挑战及政府的回应策略》，《探索》2019年第6期。

源，其价值源自跨国界的流动和在不同治理场景下的应用。这促进了全球治理主体间的资源交换和互惠模式，增强了全球社会治理的整体效能。

（二）治理路径：从层级决策转向网络协同共治

在传统的全球治理模式中，权力结构常常是层级化的，以国家和国际组织为主体，通过专业化的知识和行政法规构建起话语壁垒，形成直接的管理权力结构。这种层级治理路径追求普遍性、一致性和等级性的规则秩序。在高度复杂和快速变化的全球环境中，这种治理模式显然失去了对社会现状的灵活回应能力，多层级的信息不对称为局部利益取代整体利益提供了空间，最终损害了公共价值的整体表现。进入智能时代，全球治理展现出高度的易变性、复杂性、广域性和虚拟性。智能技术的广泛应用打破了层级治理的依赖，引领全球治理向网络协同共治的新路径转变。在这种新的治理模式中，普通民众和各种组织通过技术赋能，改变了对自我和组织的观念，同时促成了新的社会连接方式，如跨界连接性、边界模糊性和共生性的液态化组织特征，降低了社会共治过程中的信用和协商成本，促进各主体间的平等互动，深入挖掘不同治理主体的潜在需求，从而激发和强化了主体的治理功能。随着全球社会权力结构的重塑和社会成员参与公共治理话语权的提升，公共需求呈现多元化裂变式增长。面对公共需求的快速扩张和有限的公共资源供给之间的结构性冲突，全球治理必须通过便捷、多元的共享性信息机制设计，将具有不同优势的全球治理主体聚集在同一平台上，共享各自的优势资源和能力。这种平台化的网络沟通不仅改变了社会治理的信息内容生产与真实需求相分离的状态，也推动了社会治理向一种赋权治理的开放状态转变。

（三）治理方式：从直接干预转向间接引导

传统全球治理依靠政府直接实施的法规和政策，强调行政权力的直接控制和显性的制度化管理。这种治理模式在处理全球事务时，依赖于明确、刚性的规章系统，以确保国际秩序和社会发展的有序性。然而，这种直接干预的方法，在面对现代社会的复杂多样性和快速变化时，常常显得不够灵活，同时适应性也较差。随着数字技术的快速进步和全球信息网络的扩展，全球治理逐渐从传统的直接干预模式转向更为间接的引导方式。数字技术，特别是物联网和大数据，已成为新的治理工具。它们通过提供实时数据和深度分析，使决策过程更加精确和更具前瞻性。全球治理的新模式更多依赖于智能算法和数据驱动的决策支持系统，以实现对全球复杂问题的有效应对。这种间接引导方式利用技术平台集成多方信息，通过算法模型对治理策略进行优化和自动调整。它不直接指令，而是通过智能系统在幕后引导社会行为和政策实施，如通过影响公众意见、优化资源配置和预测政策后果来实现治理目标。这一转变不仅提升了治理的效率和适应性，也更符合全球化社会的动态和连通性。

（四）治理主体：从国家政府主导转向平台型跨国企业加速渗透

在工业时代及信息化早期，国家政府是全球治理的主要行为者，负责制定和执行法律法规，维护公共秩序与经济稳定，保障国家安全与福祉。政府通过直接干预的方式处理社会问题和国际事务，这种方法以属地管理、边界控制和法律约束为核心。区别于地理空间，数字时代下的数字空间表现出明显的无边界特性，并且在数字空间下，信息力量逐渐超越甚至取代了传统的经济力量、军事力量，成为国际关系的主导性力量。同时随着数字化及人工智能技术的不断进步和加速应用，推动私人公司权利进一步扩大，使传统地缘政治出现了新的战略空间，国家可以透过私人企业并通过网络和数字技术来实现政治目标。尤其是平台型跨国企业，如谷歌、亚马逊、腾讯和阿里巴巴等，以其庞大的技术能力和全球网络，正在成为全球治理的新兴力量。这些企业通过提供广泛的服务和平台，影响了全球数十亿用户的日常生活和经济活动。他们的业务不仅跨越国界，更打破了传统行业的边界，形成了一种新的平台治理模式。这种模式以数据驱动和算法决策为核心，能够快速响应市场和社会需求，提供个性化服务，同时通过收集和分析大量数据，对消费行为、公共意见乃至政策制定产生深远影响。平台型企业还能通过技术和资本的力量，在全球范围内迅速部署资源，实现效率的极大化以及对国际经济秩序的影响和干预。

## 二、传统贸易治理向数字贸易治理转变

近年来，新一代数字技术的创新与应用加速了全球数字化转型，使数字经济快速增长、创新，成为全球经济增长的新引擎。① 作为经济活动的重要组成部分，贸易深受全球数字化转型影响，正经历由数字化创新引导的深刻变革，数字贸易已成为新一轮经济全球化的重要驱动力。在传统贸易升级的基础上，以跨境电商和数据要素跨境流动为代表的数字贸易快速发展。未来，数字贸易将成为国际贸易和跨境商务的主流。相较于传统贸易，数字贸易以数据为关键生产要素、以数字服务为核心，特点是数字订购和交付。这是国际经贸治理的新前沿，也是我国推动新发展格局和参与全球经济贸易规则重构的重要抓手。同时，作为一种新贸易形态，数字贸易的快速发展难以适应现行国际经贸规则，正成为国际贸易摩擦和数字产业竞争的交汇点。

### （一）数字贸易治理的核心议题

数字贸易以信息技术、数据流动、信息网络和数字平台为驱动，催生了一系列内生性国际数字贸易议题。其一，人工智能的伦理与监管。全球数字经济中，人工智能技术的应用带来了前所未有的发展机遇。与此同时，技术如人工智能所引发的算法黑箱问题、决策偏见和隐私泄露问题亦引起了

---

① 张应良、谢向伟：《数字贸易国际规则博弈与中国因应——基于制度型开放视角》，《开放导报》2024年第2期。

国际社会的高度关注。其二，数据流动与隐私保护。数据跨境流动的自由化与个人隐私保护之间的矛盾是国际数字贸易中的核心议题之一。美式贸易规则倾向于限制数据本地化措施，推动数据的自由流动；欧盟则通过 GDPR 等机制，强调个人数据的隐私保护，并要求数据流动必须保证接收方有充分的数据保护能力。这种规则差异不仅反映了不同治理体系的价值取向，也是国际谈判中的主要分歧点。其三，数字平台的市场竞争与监管。在数字市场中，平台的竞争政策与监管已成为一个日益突出的议题。特别是传统的国际贸易法框架在应对数字平台的竞争监管方面显示出明显的局限性。为破解这一问题，欧盟和德国等经济体通过采取建立事前监管机制的方式，直接对大型平台的市场行为进行规制，以解决传统事后监管效率低下的问题。这种趋势表明未来国际贸易协议会纳入更多关于数字平台竞争责任的共性规定，以适应数字经济的发展需求。

（二）参与全球数字贸易治理的策略点

一是以数据要素价值化参与全球数字贸易治理。为实现跨境数据要素价值化，全球数字贸易治理应着眼于数据要素在全球范围内的收集分析、流通交易、多元应用。一方面，要在数字基础设施与技术均衡发展下推进数字贸易治理，实现数据资源的高效利用。重点要在构建更加包容的数字基建治理体系、建立常态化数字交流与合作机制、引领全新的数字治理规则等方面协同发力，促进数字基础设施互联互通，提高数据资源化效率。另一方面，要通过健全数据流通交易的数字贸易治理体系，促进数据资产的流通交易。由数据资产创造出的数字产品与服务带动传统价值链向数据价值链转型，在创造数据要素价值的同时改变传统价值链生产分配格局。推动数据资源向数据资产转变并释放要素价值，需要充分利用数据交易平台，建设区域共享"数据圈"，为数据资源跨境流通交易创造条件；平衡数据流动带来的经济收益与安全风险，制定数字技术与数据互操作性标准，以完善跨境数据流动治理体系；探索建立数据确权、数据定价的标准办法，创新数据资产高效的价值释放路径，同时构建数字贸易背景下的数据产权制度、数据流通交易制度、数据安全制度，打造全面、完善、系统的数据治理体系。此外，还要通过促进多场景应用与新兴问题治理，实现数据资本创造价值。重点要丰富数据资本的应用场景与价值增值渠道，探索其在数字货币、金融科技、跨境电商等多领域的创新应用，促进数据资本积极参与国际贸易分工，实现其在数据价值链各环节的价值释放。同时，针对新兴问题创新治理规则，加强数字技术治理合作与治理体系构建。

二是以模块化立法策略，强化中国在全球数字贸易规则中的领导力与兼容性。我国主导数字贸易规则仍面临立法模式、议题安排和政策机制的选择与困境。具体来说，我国兼具发展中国家和数字经济引领国的角色，需要直面两种立法模式下的利益平衡问题。目前，我国也面临着如何应对与释放"固有范式"和"数字范式"的规则利益的问题。我国在主导数字贸易规则的过程中,也需面对主导者的"三元悖论"难题。第一,要倡导以数字贸易规则独立性为基本方向,同时兼顾传统秩序的立法模式。第二,要采用以横纵向模块化立法为基本思路、兼顾数字模板的议题安排。第三,要坚持推行以政策共识和普遍认可为基本原则、关照个体差异的政策机制。①

三是加强区域性数字贸易治理合作。区域治理是当前数字治理的核心模式。截至2021年,中国已与多个国家和地区建立了19个双边和多边自由贸易协定,覆盖26个国家和地区。中国在《区域全面经济伙伴关系协定》(RCEP)中扮演最主要的角色,并且是"一带一路"倡议的主导者。在此背景下,中国需进一步在这些双边和区域贸易协定中加强对数字贸易规则的谈判,利用RCEP和"一带一路"的平台来强化与合作伙伴国家在数字贸易治理上的合作,以此增强其在全球数字治理中的地位。同时,要重点推动亚太自由贸易区谈判。推动亚太自由贸易区谈判为中国进一步提升国际影响力、化解地缘风险提供了可能。中国是亚太地区举足轻重的经济体,有能力也有义务承担起大国责任,推动亚太自由贸易区的谈判进程。在亚太自由贸易区建立共同的数字贸易框架和规则,不仅有助于区域内企业扩大市场,也能提高区

---

① 王一栋:《数字贸易规则体系独立论:传统的延续还是全新的框架》,《国际贸易》2024年第2期。

域对外的竞争力和对外谈判的集体影响力,从而实现对全球数字贸易的影响。

### 三、传统税收治理转向数字税治理

在现行的国际税收体系下,一国通常只对在本国设立常设机构的企业征税。而数字交易具有远程性特征,买卖双方无须面对面接触,只需借助互联网就可完成数字产品和服务的交易。数字经济的跨时空性为跨国企业"合法避税"提供了便利,这些企业通过在低税率国家或地区注册,可享受低税负并在全球拓展业务。例如,谷歌公司为了规避美国境内高达35%的平均税率,在2007—2010年,通过"爱尔兰荷兰三明治"模式(Double Irish With A Dutch Sandwich),将营收在两家爱尔兰子公司和一家荷兰子公司之间腾挪,跨国企业将其海外业务的平均税率降至2.4%。根据经合组织(OECD)的统计,相较于传统企业,大型跨国科技企业的税负可减少一半以上。与此同时,数字产品和服务输入国的税收利益受到严重侵蚀。因此,加快推进数字税治理成为当前极为迫切的工作。在数字经济全球化日益深入的背景下,数字税全球治理改革是在传统税收治理体系调整上达成的多方共识,以适应全球数字经济发展需求且平衡不同国家利益的相关活动。

(一)数字税治理的重要挑战与关键性问题

第一,国家内部面临税收新老规则冲突的问题。随着数字经济的蓬勃发展，许多国家为了解决数字企业与传统企业之间的税负不公问题，开始制定新的税收规则。这些新规则旨在解决税基侵蚀和利润转移问题，确保税收来源国能够从其境内产生的利润中获得合理的税收。然而，这些新规则与既有的传统税法体系存在明显冲突，而改变现有的税收模式会增加数字企业的运营成本，影响数字经济的发展。

第二，国家之间关于税收权的分配存在严重分歧。不同国家根据自身利益，对数字税的征收持有不同立场，如一些国家主张扩大数字用户所在国的税收征管权，其他国家则希望保护本国企业利益，限制这些权利。国际组织如 OECD 推动的方案试图通过以销售门槛作为判断标准来重新分配征税权，但这种方案在实践中复杂且难以执行，也容易引发重复征税问题。

第三，数字税的治理还必须考虑到全球数字鸿沟和市场垄断的问题。跨国数字企业通过其技术和规模优势在全球市场中迅速扩张，积累大量资本，这不仅加剧了全球数字经济的不平衡，也加深了数字鸿沟。发展中国家由于技术和创新能力受限，难以有效参与全球数字经济竞争，进一步加深了全球南北经济差距。并且发展中国家也有更强动机采取更多的保护主义措施来维护国内产业，进一步使国际数字税治理复杂化。

（二）数字税治理难题对全球经济治理的影响

数字税争议的本质是各主体对国际税收规则话语权和制

定权的争夺，这加剧了当前全球经济治理面临的各种赤字问题。①

其一是国际法律与政策的协调难题，加剧了全球治理赤字。随着数字经济的全球化扩展，各国政府在如何征税、何处征税以及对哪些服务征税等问题上存在显著差异。尽管有组织如 OECD 试图推动国际协调，但成员国的利益差异导致了统一政策的制定极具挑战性。这种差异性和协调的缺乏导致了规则的碎片化，增加了跨国企业的合规成本，同时也妨碍了国际贸易和投资的流畅。并且，在数字税国际争议的背景下，全球税收治理模式已成为某些国家追求自身利益和制约他国发展的工具，进一步加剧了全球经济治理的缺陷和不足。

其二是权力与资源的不平等分配和非有效制约，加剧了全球治理的发展赤字。在数字税国际争议背景下，全球发展机制的内在缺陷变得更为明显。首先，数字税政策未能有效发挥其作为经济自动稳定器的功能，以调整经济增长和收入分配，因为其在全球范围内的实施受到限制。其次，国际税收治理机制缺乏强制性约束力，主要依赖于传统的"相互协商程序"。这在数字经济中面临较大挑战，因为确定征税权的主体不明确，而且随着涉及方和问题的复杂性增加，这种协商方式的效率也受到明显影响。最后，国际税收规则谈判

---

① 余振、沈一然：《数字税国际争议对全球经济治理的影响及中国对策》，《天津社会科学》2022 年第 3 期。

的公平性受损。因为在决策过程中，掌握主导话语权的大国可能以地缘政治竞争为视角影响谈判进程，如美国在2020年单方面退出OECD的数字税谈判，中断了相关国际讨论并阻碍了全球合作共识的形成，从而加剧了全球经济治理的发展赤字。

其三是政治与经济的摩擦加剧了全球治理的信任赤字。数字税越来越成为国际政治经济摩擦的一个焦点，国家在数字税方面所表现出的国家利益最大化的追求不可避免地引发了国与国之间的利益冲突，激化了国际竞争和政治博弈，从而进一步损害了国际信任基础。例如，美国对欧洲国家提出的数字服务税计划进行反击，威胁使用贸易壁垒作为回应，显示了数字税问题上的国家利益冲突可以急剧升级成更广泛的地缘政治对抗。因此，随着这些问题的持续存在，国际社会的信任可能进一步减弱，全球经济治理的信任赤字有扩大的趋势。

（三）中国参与全球数字税治理的策略路径

在数字经济快速发展的当下，中国作为数字经济大国，面临着全球数字税争议带来的内外挑战。国内外对数字税的不确定性和复杂性要求中国制定明确的策略，以积极参与和影响全球数字税治理。

首先，中国需要加强在多边平台如世界贸易组织和二十国集团中的活跃参与，提出并推动符合国际公平原则且考虑发展中国家需求的数字税政策建议。例如在多边平台积极提倡采用来源地税收原则、主张发达国家和发展中国家实行差异化的数字税改革方案等，共同提升发展中国家在未来数字经济税收规则制定中的影响力。同时，通过这些平台，中国还可以加强与其他国家特别是发达国家的沟通对话并交流经验，减少观点分歧，共同寻求解决方案。通过减少在关键议题上的分歧，推动更全面的数字经济政策合作，促进全球数字经济治理体系的建立。

其次，区域合作是中国参与全球数字税治理的另一条关键路径。中国应在区域自由贸易协议中积极引入数字经济税收议题，与亚太等地区的贸易伙伴一道，推动数字税收规则、数字税收标准的互认与协商。同时，通过如亚洲基础设施投资银行等机构，加强对亚太地区数字基础设施建设的支持，促进数字经济的包容性增长和区域合作，并加快形成区域性数字经济和数字税治理共识。

最后，在自由贸易试验区内试点数字税政策。鉴于目前尚未具备全面推行数字税的条件，中国应利用自由贸易试验区开展数字税政策的试验。通过在特定区域先行先试，中国不仅能够评估数字税政策的实际效果，还能为将来的全面实施积累经验。

# 第四章

## 迭代创新的数字社会

## 第一节　数字社会的生产生活模式变革

数字化是一种新聚合与新转换的场景呈现。随着科技的进步与人类的认知迭代，人工智能、大数据、云计算、区块链及移动通信等核心技术，正渗透进人们的生产和生活的方方面面，塑造了即时沟通、在线购票、共享出行、视频 IP、智慧家具等应用场景，现实世界与数字世界已然在相互融合渗透。"数字"触角日益延伸至神州大地的每一个角落，助力绘就了一幅生机盎然、欣欣向荣的发展新画卷，深刻改变了中国老百姓的生活。从舌尖到指尖、从田间到车间、从衣食住行到娱乐消费，数字技术不断拓展着智慧便利生活的边界，展现出为经济赋能、为生活添彩的强大影响力、创造力。[①]

### 一、数字化生活的便利之道

随着科技的迅猛进步，数字化生存方式已逐渐融入我们的日常生活，成为一种不可或缺的存在。从信息获取到在线购物，从移动支付到远程工作，数字化生活为我们带来了前

---

[①] 《建设数字中国，数字化点亮新生活》，http://opinion.people.com.cn/n1/2022/0908/c1003-32521808.html。

所未有的便利。我们可以简单从衣食住行来具象地理解这种便利。

（一）衣——数字化时尚与购物的革新

根据商业部门的数据统计，2023年我国通过网络渠道实现的零售销售额达到了15.42万亿元人民币，呈现出11%的增长趋势。随着产业电商平台的交易功能持续增强，由商务部特别监控的主要电子商务平台交易额实现了30%的高速增长，体现了数字与实体经济融合创新模式的日益多样化。①

在线购物平台的普及和社交媒体营销策略的运用，为消费者提供了一个多元化且便捷的购物渠道，同时个性化推荐算法的应用使顾客能够发现更符合个人品位的服饰。

增强现实（AR）技术和虚拟现实（VR）技术的融入，让消费者即便在家中也能体验到虚拟试衣的便利，这不仅节约了时间，还提供了一种新的购物体验。智能镜子等技术的出现进一步优化了线下购物体验，通过记录消费者的试穿偏好，为其提供更精准的服装搭配建议。

在生产与供应链管理方面，数字化技术显著提升了效率，实现了精益智能制造，加快产品从设计到上市的流程，同时物联网技术的整合让服装本身成为具备功能性的智能设备，如健康监测等。此外，数字化还助力服装业实现可持续

---

① 《商务部电子商务司负责人介绍2023年我国电子商务发展情况》，商务部网站，http：//file.mofcom.gov.cn/article/syxwfb/202401/20240103467547.shtml。

发展目标,通过精准控制生产来减少资源浪费。

尽管数字化为服装行业带来了种种便利和机遇,但也给传统零售模式带来了挑战,品牌需要不断创新以适应新的市场环境。展望未来,随着技术的不断进步促进行业前进,数字化预计将更深入地影响服装产业的创新动态,从而增加消费者在服装选择上的多样性,并提高其生活品质。

(二) 食——智能餐饮与健康管理的融合

便捷的在线购物与实时配送服务,使消费者无需踏出家门即可获得新鲜食材和各式美味,而炒菜机等智能厨电的推广与食谱应用的开发,使烹饪更简单高效,让更多非专业厨师也能够轻松炮制美味佳肴。在线订餐与外卖服务的普及,不仅为忙碌的都市人提供了便捷的选择,更极大地丰富了美食的可及性。

此外,食品信息的透明化让消费者对所食用产品的了解更加深入,从而作出更明智的选择。社区交流的便捷性更是让美食爱好者们可以分享自己的烹饪心得,汲取他人的经验。同时,通过健康饮食管理工具,人们可以更好地监控自身的营养摄入和热量消耗,实现科学饮食。

(三) 住——智能家居与出行旅居的进步

数字化革命已经深刻地影响了人们的居住体验,无论是在家中在酒店或民宿里,人们都能享受到前所未有的便利。智能家居技术的运用带来了家庭生活方式的自动化与个性化变革。通过智能设备如恒温器、照明系统、安全监控系统以及互联网连接的各种家用电器，用户可以使用智能手机或语音指令进行操作，不仅提升了居住的舒适性，还优化了能源的使用效率。

在酒店和民宿领域，数字化服务如在线预订、移动办理入住和数字钥匙的使用大大简化了传统流程，减少了等待时间。智能客房使宾客能通过移动设备调整房间内环境，享受到个性化的住宿体验。此外，虚拟现实技术提供了房间预览功能，增强了顾客的预订信心。数据分析助力酒店提供更加精准的个性化服务，满足客户的独特需求。无线连接的强化和共享工作空间的设置也满足了现代旅客追求无缝联网和灵活工作的需求。同时，社交媒体成为住宿业营销的重要工具，帮助建立品牌形象并与客户建立更紧密的联系。自动化服务的引入，比如机器人搬运行李，不仅降低了运营成本，也为顾客带来新奇的体验。

（四）行——智能出行与交通导航的优化

智能导航系统利用实时数据流，不仅为司机提供最佳路线选择，还能预测到达时间，规避交通拥堵。此外，公共交通应用程序通过实时更新公交、火车和地铁的时刻表，使城市出行更加有序。在线预订平台和电子票务系统简化了传统的购票流程，让旅客能够轻松地预订各类交通工具，并凭借电子票据快速登机或乘车。

共享经济在出行领域蓬勃发展，打车应用如优步（Uber）和来福车（Lyft）提供了一种便捷的替代出行方式，而共享单车和电动滑板车则改变了城市短途出行的模式。这些服务通过智能手机应用即可召唤，极大地增加了出行的灵活性与方便性。同时，实时交通信息的应用帮助旅行者获取最新的天气状况和交通预警，并作出更明智的出行决策。

移动支付成为常态，特别是在出租车和共享汽车服务中，乘客可通过手机应用轻松完成支付过程，无需担心现金交易的问题。个性化服务更是将出行体验提升到新的水平，旅行应用根据用户的偏好推送定制化的行程建议，集成的行程管理工具则让旅行计划一目了然。

在机场和火车站等主要交通节点，增强现实技术被用来向旅客提供清晰的导航信息，同时虚拟旅游体验能够在用户实际出发前提供景点预览，辅助他们更有效地规划旅程。数字翻译工具和语言学习应用程序消除了语言障碍，增进了不同文化之间的交流与理解。紧急响应功能的加入及位置共享的普及，显著提高了出行的安全性。

## 二、无处不在的数字连接

### （一）数字化让连接无处不在

社会无法仅由孤立的个体构建，唯有通过人们之间的相互联系和互动，社会结构才得以确立。在人类社会进化中，"互联"扮演着至关重要的角色。正是这种互联性，使知识、技术和文化得以跨越地域和文化藩篱，实现从一个地域向另一个地域、从一种文化向另一种文化的传递，进而促进了人类社会的发展与进步。

在数字社会里,数字化信息通信技术开启了人与人之间信息传递的新纪元。① 这种连接方式打破了传统的地理和时间限制,使信息能够以前所未有的速度和规模进行传播和共享。如今,人们使用手机读取新闻消息、乘坐公共交通、支付超市账单、开启门禁、追踪自己的健康数据,通过社交应用程序与亲朋好友时刻联系。

数字化时代,"连接"是一种最基本的形态,对我们的生活影响深远。当我们把握并领会了这一逻辑,以及它背后的技术和知识,我们才能在这个日益数字化的世界中找到自己的定位和机遇。这就是连接在数字化时代的意义,这就是我们需要深入思考和掌握的关键。

(二) 数字连接的特点

连接作为一种状态,可被理解为信息技术特别是互联网技术所催生的一种新的社会存在形式。通过这种技术,传统的物理世界被转化为可数字化交互的在线空间。在这个转变中,个体(包括人、设备和物品)摆脱了孤立状态,融入了一个高度互联的网络环境。这种状态改变不仅促进了生产与制造流程的革新,而且显著提高了生产效率与协同作业的水平。如工业4.0通过融合应用物联网(IoT)、云计算等前沿技术,促成了生产过程的智能化转型。这种转型使数据能够

---

① 王天夫:《数字时代的社会变迁与社会研究》,《中国社会科学》2021年第12期。

被实时监测和分析，极大地增强了生产效率。

在信息流动的维度上，连接体现为数据在不同网络节点间的动态交换。这一过程构建了一个多维的信息网络，其中数据流转成为驱动生产和创新的核心资产。例如，在现代制造业中，通过对生产线上的传感器收集的数据进行分析，能够实现故障预测和维护优化，减少停机时间并提高产品质量。数据已成为工厂生产资料的重要组成部分，对于推动生产流程的改进和决策支持系统的发展至关重要。

此外，连接亦表现为一种变革性力量。它通过将新闻、股票行情、天气预报、电子商务和社交分享等服务迁移至线上平台，深刻改变了人们的生活方式，并催化了新的商业模式的出现。以谷歌为例，其商业模式基于在线搜索行为，通过精确的广告定位系统实现了商业增长的奇迹，这证明了连接的经济价值和潜力。

连接还是资源配置和合作的基础。在当今社会，大型项目和复杂目标的实现，必须依赖于跨领域、跨地域的广泛合作。此种合作模式建立在有效的连接之上，只有通过稳固而灵活的连接网络，才能整合各类资源、协调多方行动，共同达成预定目的。例如，全球范围内的供应链管理依赖于强有力的信息和物流连接网络，以确保各个环节的高效同步。

（三）数字连接对个人和社会的影响

第一，在数字时代，个人与全球的信息交流变得无比便捷，人们可以轻易接触到各种信息资源，深化对外部世界的理解。由互联网技术支撑的数字化媒介已经成为提升知识水平和日常娱乐的重要平台，其中维基百科的发展历程便是一个典型例证。曾经，人们对其内容的不准确性嗤之以鼻，随着全球范围内的人们对其内容不断进行修订和更新，通过集体智慧的力量，它已成为网民获取知识的常用渠道，体现了网络环境下知识共享和个人赋权的新模式。同时，互联网也日益成为日常娱乐的主战场，尤其是短视频制作和观看，逐渐成为数字文化和价值观的新表现形式。

第二，数字网络开辟了新的自我认知和表达途径。① 生物传感器和微型设备的应用，通过收集健康相关数据以及行为数据，不仅服务于个人健康监测和大数据分析，还促成了数字社会中独特的"数字化存在"。人们在数字网络上分享文字、图片、视频等，记录和展示个人生活点滴，加强自我认知，这已成为许多年轻人的生活方式。但是个人数据的公开也引发了隐私保护的问题，并使私人与公共信息的界限愈发模糊。

第三，数字技术改变了人们的互动方式和人际关系结构。② 数字通信技术增强了人们之间的互联互通能力，突破了传统的空间界限，加深了家庭成员及其他亲密关系之间的

---

① 赵一璋、王明玉：《数字社会学：国际视野下的源起、发展与展望》，《社会科学文摘》2023年第6期。

② 罗兴武、孙萌、刘洋等：《数字拟人品：数字技术、拟社会互动与商业模式内容创新的共演》，《管理世界》，https：//doi.org/10.19744/j.cnki.11 - 1235/f.20240321.001。

联系。社交媒体成为人际沟通的新渠道，既扩展了社会关系网，也反映了线上线下关系的同步发展。然而，这也可能导致亲密关系的假象和实际的疏离感增加。有人认为，过度依赖数字设备可能会减少面对面的社交互动。

第四，在数字化时代，群体形态也展现出新的变迁趋势。一方面，个人主义倾向日益增强，导致人们逐渐从紧密联结的社区中独立出来；另一方面，数字网络的发展推动了远程协作，催生了基于共同爱好或职业兴趣的线上社区的形成。这些变化导致个人在多元关系中塑造了多重身份，群体关系趋向松散，体现出一种"网络化个人主义"的特征。

第五，数字时代的社会参与呈现出显著变化。个人可通过数字化信息和网络将自己的观点传达至更广泛的社会层面，产生广泛影响。社交媒体成为低成本高效益的社会动员工具，但不同群体在数字技术的接触和使用上存在差异。未接入数字网络的群体无法发声参与公共讨论，而拥有策略性位置的实体可能通过操控社交媒体传播选择性或误导性信息，对社会公共事务产生影响。

## 三、不可忽视的数字鸿沟

### （一）什么是数字鸿沟

数字鸿沟指人们在获取和使用信息技术方面存在的差异，这些差异导致一部分人在获取信息和利用信息技术所带来的便利和机遇方面受到限制。这一概念最早由美国著名未来学家阿尔文·托夫勒（Alvin Toffler）在其 1990 年出版的《权力的转移》一书中提出。他认为，数字鸿沟是信息和电子技术方面的鸿沟，这种鸿沟导致了发达国家与欠发达国家之间的分化，使信息富人和信息穷人之间的差距不断扩大。1999 年，美国国家远程通信和信息管理局（NTIA）在名为《在网络中落伍：定义数字鸿沟》的报告中定义：数字鸿沟指的是一个在那些拥有信息时代的工具的人以及那些未曾拥有者之间存在的鸿沟。

（二）数字鸿沟因何存在

在数字社会中，由于传播媒介门槛的升级、社交范围的茧房化及信息选择的高度自由性等因素，原本存在于大众传播时代的知识鸿沟并没有因网络的出现而消失，反而呈现出扩大的趋势，使认知鸿沟转变成了数字鸿沟。

首先，传播媒介门槛的升级使某些人群无法顺利适应新技术，从而导致他们与数字社会相隔离。在过去，传统媒体的使用较为简单，但随着技术的快速发展，许多人无法轻松掌握新的数字工具和平台，导致技术能力较差的人在数字社会中的参与程度受限。

其次，社交范围的茧房化加剧了数字鸿沟。尽管互联网为人们提供了广泛的交流途径，但社交媒体的出现也带来了社交范围的狭窄化。人们往往倾向于与兴趣相投的人群建立联系，以及获取与自身观点一致的信息。这导致信息的过滤和筛选，使不同社群之间的交流变得困难，信息传递受限。

最后，信息选择的高度自由性也为数字鸿沟的扩大提供了土壤。在互联网时代，人们可以轻松地从众多的信息源中进行选择，但这种自由性也意味着人们更容易陷入信息的过载和信息质量的悬殊。那些具备较强信息辨识能力和筛选意识的人能够获取更多有价值的信息，而缺乏这些能力的人则面临信息贫乏、误导和不准确的风险，进一步加剧了数字鸿沟的存在。

（三）数字鸿沟的影响

数字鸿沟强调在数字技术获取和使用方面存在差异，导致一些人或群体无法享受数字技术带来的便利和机遇。数字鸿沟主要体现在数字设备的普及程度、互联网接入的可及性、数字技能的掌握程度等方面。它关注的是人与科技之间的差距，特别是在数字化时代，无法获得数字技术的人可能会被边缘化，被排斥在信息获取、社会互动和经济机会之外。其带来的影响是数字排斥与社会不平等。这种不平等主要体现在以下几个方面。首先，数字设备的普及程度。由于经济条件、地理环境等因素，一些人无法拥有和使用数字设备，例如手机、电脑、平板等。其次，互联网接入的可及性。由于地理位置、网络设施、宽带带宽限制等原因，一些人无法接入互联网，无法享受从互联网获取信息带来的便利。最后，数字技能的掌握程度。由于年龄、教育背景、文化传统等因素，一些人无法掌握数字技术的使用技能，无法从数字技术中获取信息或交流。

此外，数字鸿沟也对全球信息化进程和社会发展产生了重要影响。它会加剧贫富差距、阻碍信息的传播和交流、影响人们获得新知识和技能及参与社会和经济活动的机会。在发展中国家，由于缺乏适当的数字基础设施和教育，很多人无法享受数字化带来的便利。例如，无法获得在线教育的人错失了很多提升自身技能的机会。这就是数字排斥的一种表现，一部分人无法参与到数字经济和社会中，从而进一步加剧了社会不平等。

## 第二节　数字社会的发展新动能

在数字社会发展框架内，以技术、技能和创意为核心的"三大驱动轮"将成为经济社会发展的主动力。这些要素不仅催生了新兴产业的发展，而且显著提高了整个产业生态的效率和质量：技术通过优化生产过程、降低生产成本及开发新产品和服务等方式，推动产业效率的提升；技能将让更多的劳动者融入主流社会，提升人们创造价值的主动性、积极性；创意将提升价值创造效率，与传统产业模式不断耦合、协同，使更多要素纳入产业发展视野。

### 一、数字技术的动态赋能

21世纪伊始，全球科技创新活动就达到了前所未有的密集与活跃水平，一场新的科技革命和产业变革正在全球范围内重塑创新格局和经济结构。历史上的前三次科技发现，分别以机械化、电气化和信息化技术为核心，可以被视为由单一技术变革引发的产业演进，每场革命均聚焦于特定的技术区域。相较而言，第四次技术革命的特点在于多个领域的技术变革，包括信息技术、智能技术、生物技术、新材料技术等，相互交叉和融合，构成了多维度的技术变迁。

第四次产业技术革命是动态的。各项技术的进步不仅推动着产业和经济的发展，而且相互作用和影响，共同驱动了一个持续的变革过程。信息科技、生命科学、制造业、能源、空间探索和海洋科学等领域的原创性突破，为前沿技术和颠覆性技术的发展提供了源源不断的创新动力。同时，不同学科之间、科学与技术之间、各种技术之间以及自然科学与人文社会科学之间的界限日益模糊，呈现出一种跨学科、跨领域的融合趋势。

习近平总书记指出："科学技术从来没有像今天这样深刻影响着国家前途命运，从来没有像今天这样深刻影响着人民生活福祉。"① 2021年3月通过的《中华人民共和国国民经济和社会发展第十四个五年规划和2035年远景目标纲要》进一步巩固了创新、新兴技术和先进制造业在中国发展战略中的地位，再次强调了加快建设数字经济、数字社会和数字

---

① 习近平：《努力成为世界主要科学中心和创新高地》，《求是》2021年第6期。

政府的目标,详细说明了中国利用数据和数字技术升级传统产业、发展智慧城市并在网络空间创造"命运共同体的未来",显示了中国将通过数字和创新战略的实施实现跨越式发展的信心和决心,旨在成为全球技术领导者以及世界数字未来的主导者。

与前三次产业技术革命相比,第四次产业技术革命有如下关键特征。① 首先是技术领域全面创新。与前三次革命相比,第四次产业技术革命涵盖了多个领域的技术创新,如基因技术、量子信息技术、新材料技术、新能源技术和虚拟现实等,推动生产生活系统全面智能化。其次是系统性、整体性影响。新兴技术高度融合和相互渗透,形成完整技术系统,对社会的改造具有同步性、系统性和整体性,如数字货币的普及和互联网的广泛应用将改变支付方式和提升工作生活便利性。再次是全面渗透、跨界应用。技术创新带来新产品、新业态、新模式,跨越传统产业边界,如无人飞行器、智能机器人等新型产品和技术正在改变生产和生活方式。最后是各国同步发展。第四次产业技术革命不再是单一领域或国家的领先,而是在不同领域和国家间同步发展,技术创新能力存在差异但敏感度和关注度提升,技术创新外溢效应显著增强,即使经济发展较落后地区也能分享技术突破带来的福利。

---

① 《准确把握新一轮产业技术革命的特征》,国家发展改革委网站,https://www.ndrc.gov.cn/xxgk/jd/wsdwhfz/202107/t20210712_1290219.html。

第四次产业变革也诞生了新的生产形态——"人生产机器人，机器人从事生产"。当前产业变革的关键在于网络化、信息化与智能化技术的深度融合，而智能机器人作为此次革命的核心要素之一，正逐步替代传统劳动力执行生产和劳动任务。具体原因如下：首先，在技术层面，第四次产业变革的技术基础涉及数字化、网络化和智能化等多个领域，这些技术的发展使机器人能够更加高效地完成生产任务。其次，在经济层面，随着技术的不断进步，机器人的成本逐渐降低，使其在生产中的应用变得更加广泛和经济。而且机器人能够提供更稳定且连续的生产力，有助于提高整体生产效率。再次，在社会层面，智能机器人的应用使人类得以从重复或高风险的劳动中解放出来，转而更多地从事需要创造力和决策能力的工作。这有助于提升工作质量和生活水平。最后，产品和产业的模块化趋势愈发明显，机器人的应用能够适应这种模块化的生产需求，实现快速的组合和重组，以适应市场变化。由此可见，第四次技术革命中的产业工人形态确实趋向于"人生产机器人，机器人从事生产"的模式。这既反映了技术进展的动向，也必然促成经济增长与社会进步。

## 二、技能让劳动者"不掉队"

人才培养策略的转型有望进一步优化中国人民的生活质量。在过去 30 年中，中国在居民收入，劳动效率和 GDP 增长方面取得了显著的进步。为了持续提高人民生活水平，维持薪资增长和生产效率是关键。国内一些智库的分析表明，中国设定了到2050年人均GDP达到高收入经济体70%水平的目标，这意味着需要保持人均GDP和工资的年均增长率分别达到4.7%和4.9%。因此，中国需要积极寻求提升劳动者素质和技能的途径。

据预测，全球约有三分之一的职业和技能变迁将在中国发生。预计到2030年，中国可能有2.2亿名劳动者（占整个劳动力的30%）会因自动化技术的发展而面临职业转变。根据麦肯锡全球研究院的未来工作模型预测，中国将占全球职业转变的36%左右。在一个中度自动化情景下，预计到2030年，可能需要重新分配约5160亿个工时（平均每个劳动者约87天），以适应技能需求的变化。考虑到农民工所从事的工作中有22%~40%可能受到自动化技术的影响，且该群体通常技能水平较低，获取技能发展的资源和途径相对有限，中国需要为这一群体提供更多的支持。

社会变革对中国推动教育和技能发展体系的转型提出了新的需求。首先，学习群体的拓展不应局限于学龄人口，而应扩展至包括所有成年劳动者在内的全体人员，这意味着潜在学习者的数量增加了两倍。其次，学习内容需超越基础知识，广泛覆盖各类技能。预计到2030年，对高级认知技能、社交情感交流技能及技术技能的整体需求将增长2360亿工时，相当于每位劳动者需额外投入约40天的学习时间。最后，教育和技能培训应无时无刻、无处不在，树立全民终身学习的观念，确保所有劳动者每年都能够参与多种形式的培训。

### 三、创意让社会更具活力

当今世界日新月异，创新与创造力已成为推动社会进步的关键因素。它们如同生命之水，带来了无限的可能性与活力。

创意使新技术转变为新的商品和服务。在全球化与数字化浪潮中，传统产业与经济模式正经历着剧烈变革。企业若想在市场上脱颖而出，必须提供富有创新性的产品和服务。例如，苹果公司凭借其独特的设计理念和用户体验重塑了智能手机市场，特斯拉则以其领先的环保技术改变了汽车行业的竞争格局。

创意滋养着科技、教育、文化及艺术等各个领域的生长。创意在艺术、文学、音乐等多个领域的体现，充实了人们的精神世界，提高了生活的品质。电影、戏剧、音乐作品等不仅提供了娱乐和放松的途径，还有助于传播价值观念和社会信息，促进了社会思想的多元化和包容性。传统的填鸭式教学模式正在逐步被以学生为中心、强调批判性思考和问题解决能力的教学法所取代。这种教育模式旨在培养学生的创造力和创新能力，为他们在未来社会中的成功打下坚实的基础。

创意密集型行业将取代技术密集型、劳动密集型行业，成为关键性主流业态。创意促进了就业市场的多元化和创业精神的培育。随着新兴行业的崛起，如信息技术、可持续能源、生物科技等，新的职业机会不断涌现，为劳动力市场注入了新鲜血液。同时，小型企业和初创公司在创意的激励下纷纷成立，为经济发展贡献了新的动力。

在当今社会，创意产业正日益成为推动经济发展和文化繁荣的关键力量。这一产业的发展，离不开个人天赋和创造力的充分融合。为了培育这一领域的核心竞争力，必须吸引并造就一大批具有前瞻性思维的"产业思想者"。他们是创意的源泉，是推动思想交流和创新不断涌现的重要力量。未来城市的发展愿景，应当致力于成为中国创意产业思想者的汇聚之地，供其自由交流、合作和实验的生态系统。政府应积极推动在未来城市中建立一个以创意产业发展为导向的思想市场。通过有效的市场机制，吸引和聚集那些充满创造力的思想者。

## 第三节　数字社会的未来图景

### 一、数字社会的认知革命

（一）信息茧房与信息爆炸

信息茧房是个体在数字社会中，由于算法推荐和个人化过滤，逐渐被暴露于狭窄的信息领域，导致信息获取的局限性。这种情况下，个体可能会被过多地暴露于自己已经喜欢或认同的信息，限制了对多元观点和创新思想的接触。它的社会风险主要体现在以下几个方面。

首先是信息局限性。信息茧房使个体只接触到与自己观点相符的信息，缺乏多样性和广度。换言之，一个用户只通过社交媒体关注与自己观点相符的人和组织，而不接触其他观点。因此，该用户只会看到与自己观点一致的文章、评论，缺乏了解其他观点的机会，导致认知上的狭隘化。例如，一个政治立场明确的用户只关注某一政党的言论和报道，忽视其他政党的观点和政策。这种局限性可能导致主观认知的狭隘化，阻碍了对复杂问题的全面理解和客观判断。

其次是偏见和误导。信息茧房容易强化个体已有的偏见和刻板印象。一个用户在社交媒体上只选择关注与自己兴趣爱好相关的账号和话题，如健身、美食等。个性化推荐算法会根据用户的偏好，为其定制内容。然而，这种情况可能使用户接触到的信息仅限于某个特定领域，而忽略更广泛的新闻、社会问题等。由于个人化推荐算法的存在，用户更容易接收到与自己观点相一致的信息，这会增加认知上的偏见，并且受到谣言、虚假信息的误导。举例来说，一个只关注美食的用户可能会受到某个餐厅的虚假宣传影响，而忽略其他餐厅的真实评价。

最后是加剧社会的分裂和对立。在信息茧房中，不同群体之间的交流和了解减少，思想隔阂增加。社交媒体或新闻平台上的用户只参与到某个特定的社群中，与其他社群隔离。他们只和拥有相似观点的人交流，很少接触到不同政见、文化或宗教背景的人。这种情况下，不同社群之间的对话和理解缺失，社会分裂的风险增加。这可能导致社会的极化和碎片化，减弱社会凝聚力和共识。

在数字社会中，大量的信息以极快的速度不断涌现，超过了个体的接收和处理能力，导致认知过载，形成信息爆炸。这种情况下，人们往往难以从海量信息中筛选出有价值的、准确的内容。信息爆炸可能引发多种风险：首先，人们因为无法筛选有效信息而错失重要机会，影响工作和生活质量；其次，信息爆炸导致焦虑和压力增加，对心理健康产生负面影响；最后，虚假信息和谣言在信息爆炸中迅速蔓延，损害社会信任和稳定。社交媒体和新闻平台上的信息爆炸问题尤为明显。虽然这些平台为用户提供了大量信息，但其中夹杂着大量虚假信息、谣言和低质量内容。

应对信息茧房和信息爆炸带来的社会风险需要从组织和社会两个层面进行考虑。一方面，在组织层面，应注意管理措施的开源共生。建立多元文化：组织并鼓励不同文化背景、性别、年龄、种族和思想倾向的员工参与。这可以通过招聘策略、培训计划和晋升机会的公平分配来实现。促进开放交流：构建一个开放的交流平台，使员工有机会交流各自不同的观点与经验。可以采用定期团队会议、跨部门交流、员工论坛等方式鼓励交流和讨论。提供培训与教育：组织可以为员工提供批判性思维培训和教育课程，帮助他们学会主动审视信息来源、辨别真假信息、评估数据和论证的有效性。内部知识共享平台：建立一个内部知识共享平台，供员工分享专业知识、研究成果和实践经验。鼓励员工定期更新，并提供奖励机制以激励分享。跨部门交流项目：推动跨部门合作项目并鼓励员工参与其中。这将促进不同团队之间的合作与交流，加强知识的整合和创新。

另一方面，在社会层面，以教育与媒体引导推动社会主体的对等互利。加强信息素养教学：学校及教育组织应将信息素养融入教学大纲，培育学生理解、评判和运用信息的技能。提供关于信息获取、验证和批判性思维内容的课程。媒体质量监管：政府部门可以制定相关政策，加强对媒体质量的监管，打击虚假信息、标题党和信息污染行为，鼓励媒体提供客观、真实、多元的报道。透明和公正的推荐算法：政府可以要求数字社交平台和搜索引擎公开其推荐算法，并加强对其运作的监管。确保推荐结果的多样性和平衡性，避免过度个性化和偏向性。制定隐私保护法规：政府应制定和实施严格的隐私保护法规，保护用户个人信息的安全和私密性，防止滥用和泄露。

（二）主体性与效能感的游离

数字社会的高度互联与数据驱动导致个人信息被广泛收集与利用。人们的行为习惯、喜好、兴趣等被算法分析，形成个性化推荐和定向广告，使个体逐渐形成了一个由技术预设的"数字影子"。这种情况下，人的主体性逐渐淡化，个体变得越来越难以从数字化世界中脱颖而出，从而失去了自主选择的权利。

技术的快速发展与滥用是导致主体性丧失的原因之一。一方面，个人信息的滥用导致数据被用于操纵、诱导，限制了个体选择的多样性。另一方面，个性化算法的出现加强了人与技术的依赖关系，使人逐渐习惯于由技术决定的选择。人们可能面临自身在技术面前的无力感，产生了被"技术支配"的主观感受。这种感受会削弱个体的自信心和积极性，影响其积极参与社会生活的意愿。我们可以通过如下方式来重塑个体的主体性和效能感。

强调人与技术的合作。虽然技术可以辅助人类工作，但最终的决策权仍应归于人。通过重视人与技术间的协同，个体能够更好地运用自身的创造力、判断力和决策能力，更积极地融入数字社会多样的活动及决策过程之中，进而增强个体的主观能动性和效能感。

加强数字素养的培育。通过加强数字素养的教育，个人可以更好地理解和掌握数字技术，从而提高自己在数字社会中的应对能力。同时，数字素养的提升也有助于减少个人对信息操控的风险，保护个人隐私和数据安全。

鼓励多元化的信息获取。通过支持用户获取不同观点的信息，个人可以避免固化的思维模式，培养批判思维和多元思考能力，从而更好地理解数字社会中的各种问题和挑战。同时，媒体和科技公司加入多样性的算法设计也可以避免信息过滤和偏见的出现，让个人收获更加全面、多元化的信息。

建立数字伦理标准。通过建立明确的数字伦理规范，可以遏制对个人信息的滥用行为，维护个人的自主权和权益。这有助于提升个人在数字社会中的安全感和信任度，并且增强个人对数字技术的掌控感。

培养适应性与创新能力。由于技术变革的不断加速，个人需要具备持续学习和适应新变革的能力。这可以通过教育系统培养学生的适应性和创新能力来实现，让个人具备面对职业转型和技术变革的能力，从而提高个人在数字社会中的竞争力。

（三）知觉与社会存在的危机

在数字化社会里，人们的感知经常受到信息超载和虚拟环境的影响。信息的迅猛扩散与海量涌入使人们难以辨别真伪，造成"信息疲劳"，甚至引发错误的认知。社交媒体的设计往往以吸引用户注意为目标，而不一定考虑其对真实社会互动的影响。社交媒体上的大量信息和谣言导致人们对于信息的辨别能力下降，虚假信息在社交媒体上被广泛传播，造成人们对真实与虚假的混淆。

此外，虚拟现实技术的发展也会削弱人们对真实世界的感知，使人们陷入一种虚幻的知觉中。人们在面对信息时难以掌控，容易产生混淆和误导。虚拟现实技术如 VR 和 AR 可以带人们进入虚拟世界，但过度沉浸可能使人们与真实世界的联系减弱，降低真实感知的能力。

数字社会也带来了社会存在感的变化。社交媒体上的虚拟形象和社会地位会引发社会焦虑，导致人们为了在虚拟世界中获得认可而努力。人们在社交媒体上展示出与真实生活不符的形象，造成了一种虚假的社会存在感。这促使人们为了保持这种虚拟形象，而牺牲现实世界中的社交互动。虽然人们可以通过社交媒体与他人保持联系，但这种联系往往是虚拟的、表面的，会削弱真实社会互动的意愿与能力。

知觉与社会存在的危机导致人们逐渐失去对真实世界的联系和感知能力。失去对真实社会的感知和互动导致社会孤立、人际关系紧张等问题。同时，若失去甄别真实信息的能力，人们更易受虚假信息和流言的左右，影响决策的正确性。

社会的演变不可避免，数字社会已经深刻地改变了我们的生活方式和交往方式。然而，我们需要以明智的方式使用这些技术，确保它们为我们带来积极的影响。通过持续的努力，我们可以在数字社会中实现更为平衡和健康的知觉和社会存在，以充分发挥数字技术的潜力，同时减少其带来的负面影响。

## 二、数字社会的伦理挑战

### （一）多重身份与认知失衡

在现代社会中，多重身份已成为个体生活的一部分。每个人在不同的社会环境中扮演着多样化的角色，如家庭中的一员、朋友圈的伙伴、职场上的专业人士或志愿活动中的热心人士。这些角色不仅定义了我们的身份,还规定了我们所承担的责任和预期行为。

随着数字化时代的到来,我们的身份变得更加复杂多元。一方面,人们在网络空间塑造出虚拟形象,通过社交媒体账号、在线游戏角色等与他人互动,自由表达观点与情感。另一方面,数字技术的进步开辟了远程工作、互联网创业等新兴职业模式,使人们可以在传统职业之外拓展为自由职业者或创业者等新角色。

在数字社会中,个人品牌的概念日益凸显。许多人借助内容创作,在社交平台上建立个人影响力,力求实现个人价值的最大化。同时,我们也在各类网络社区积极参与讨论、分享信息,建立起基于共同兴趣或专业知识的交流网络,形成独特的社区身份,比如在知乎、豆瓣、哔哩哔哩等平台展示自己的专业或爱好。

社交网络中的多重身份不仅丰富了我们的社交圈,也增强了不同身份间的联系,进而构建了一个更为广泛和多元化的社交结构。人们能够根据不同的场景和需求,灵活切换各种数字身份,从而突破现实限制,体验不同角色带来的自由与新鲜感。

然而,这种身份的多样性也会引发认知失衡的风险。频繁地在不同身份间转换会导致个体逐渐丧失区分现实与虚拟的能力。尤其是在今天这个高度模拟的虚拟世界里,真实与虚构的界限变得模糊，容易让人产生误解。例如，为了吸引关注和维持影响力，一些社交媒体内容创作者可能会不断地更新内容，甚至夸大现实，最终导致自我价值认知的扭曲。

此外，"安泰效应"指出，个体在特定环境中拥有某种能力或优势，但一旦离开这个环境，这些能力或优势就会消失或减弱。这个效应强调了环境对个体能力和表现的影响。在虚拟世界中所获得的能力和特权不能转移到现实生活中，这会引起心理上的困扰和认知失衡。过度沉迷于虚拟身份的人更容易陷入对自我价值的迷失和产生心理问题。

尽管如此，认知失衡并非不可避免。每个人的数字与现实世界交互方式和程度不尽相同，因此认知和情感上的失衡程度也会有所差异。能否在虚拟与现实之间保持健康的认知状态，取决于个体平衡数字身份和现实身份的能力，以及他们对两个世界的辨别能力。

鉴于此，个人和社会都应重视培养正确的数字世界认知，提供教育支持、心理健康服务和技术指导等帮助。这将有助于人们在数字时代保持认知平衡，避免潜在的负面影响。同时，通过监管和规范数字技术的发展，社会可以降低因认知失衡带来的风险，促进数字技术的健康发展。

（二）算法偏见与隐私威胁

在全球范围内，我们见证了一个透明化的公共区域的兴起，其中人们的行为和信息被不断记录与分析。随着大数据技术的普及，互联网用户的每一个动作都转化为了可被挖掘的数据资源，进而使各大平台能够提供个性化的内容和服务，从而极大地丰富了用户体验。

然而，这种个性化服务的提供伴随着个人隐私的牺牲。虽然算法推荐在初期显著提高了信息获取的效率和准确性，但随着市场力量的介入，其负面影响逐渐显现。算法偏见、信息茧房、回声室效应及同质化的信息过载是当前信息社会中一系列相互关联的问题，导致用户在信息获取上的局限性和偏颇性。这些问题对个体的主体性构成了威胁，引发了数字时代下关于数据隐私的深刻担忧。

数字时代，算法在决策、推荐和分析方面扮演着至关重要的角色。不幸的是，算法的训练数据很可能包含社会性的偏见，从而导致算法本身在运作过程中产生偏见。算法偏见指在数据的挑选、特征的赋予及标签的指定过程中，若存在不恰当的操作，那么在机器学习算法的创建、培育及实践阶段，会对某些特定群体或个体表现出不均衡的趋向或偏好。

一方面，训练算法所用的数据集存在采样偏差或系统性错误，导致某些群体在数据中被低估或忽略；另一方面，算法会基于与受保护属性（如种族、性别、年龄等）相关的特征进行预测或决策，这无疑会加深这些属性的偏见。

以内容为基础的算法推荐系统旨在取悦用户，以提高用户的留存率和增加广告收入。平台通过分析用户的点击、浏览和收藏行为来把握用户的喜好，并据此推荐相似或相关内容，满足用户的兴趣点。然而，这种算法逻辑的核心目标是最大化用户黏性和盈利,而不是关注信息多样性和客观性。基于流行度的推荐过分强调热门话题和趋势,忽视了用户的独特需求和兴趣。这样的推荐机制倾向于将热门内容推送给用户,而对于内容的质量、可靠性和深度则关注不足。长期处于由算法构建的信息茧房中的用户,其认知标准和价值观会被扭曲,甚至加固了原有的认知偏见。算法会根据用户的互动反馈不断提供类似的信息,使用户进一步固化其偏见和立场,难以获得多元化的观点和全面的信息。

  大数据的背景下,人们的行为和信息几乎实时被记录与分析,隐私保护和个人主体性缺乏。在使用网络服务时,个人的言论、行为和兴趣爱好被广泛追踪,形成了详尽的用户画像和行为模型。这种无处不在的监控让用户感到无法控制自己的信息和隐私,从而产生不安和忧虑。例如,2018年脸书的数据泄露事件就暴露了数据隐私和个人信息保护方面的严重问题。在这一事件中,超过8700万用户的个人数据在未经充分知情的情况下被滥用于政治影响活动,尤其是在2016年美国总统选举和英国脱欧公投期间,引起了全球范围内对数据隐私保护的高度关注。

  随着大数据系统的不断发展,算法对人类的了解和预测能力已经达到了前所未有的高度,有时甚至超越了人类的认知能力。当算法比人类更加了解我们时,它们可以精确预测用户需求、行为和偏好,甚至可能操控用户的决策过程。这种技术能力的集中可能导致权力从人类转移到算法,给个人和社会带来信息孤立、自由意志受限和社会分裂等一系列复杂挑战。

(三)感官沉溺与社交成瘾

在数字媒介尚未普及之前,阅读和写作是人们感知世界、获取知识的主要方式。在这一过程中,读者可以自主控制阅读节奏,拥有足够的时间进行思考,享受认知性与象征性内容所带来的深层体验及抽象思维的愉悦。这种阅读方式不仅促进了理解力的提高,也使情感得以净化与升华。

然而,数字媒介的兴起彻底颠覆了这一模式。如今,"观看"与"听取"成为主流,人们通过屏幕来感知世界,以图像和声音的形式接收信息。数字媒介以其固有的速度强加给观众,信息快速流转,不留给人们足够的时间去反思与吸收。这样的传播方式强调直观的形象内容和即时的情感冲击,导致观众的反应趋向于情绪化和戏剧化。

技术进步带来了高度的视觉沉浸体验,例如虚拟现实、混合现实和增强现实。这些技术为电子游戏,如第一人称射击游戏、战争模拟及恐怖题材等,提供了前所未有的表现力和沉浸感。但它们同样可能引发心理健康问题,如过度沉浸、紧张感和神经系统的过度刺激。长时间接触这些刺激性内容会对个人的心理状态产生负面影响,导致感官沉溺现象日益严重。

社交媒体、视频平台和移动游戏等数字产品被设计得极具吸引力和成瘾性,让用户难以自拔。这些产品背后的算法不断优化，确保用户获得快速的反馈和奖励，从而沉浸在由无尽滚动的设计所构建的信息漩涡之中。诸如脸书和抖音这样的平台正是利用这种设计，促使用户不断地滑动屏幕寻求新的内容更新，激活大脑的奖励中心，进而导致长时间的使用和思想上的沉迷。

数字时代还带来了社交成瘾的问题。人们越来越依赖于通过社交媒体和虚拟交流来获得满足感。社交媒体成为迅速且实时的社交需求满足途径，它允许人们不论时间和地点，都能与亲朋好友及陌生人建立联系，并在这一过程中收获关注与认同。然而，这种短暂的满足感很容易转化成一种持续的需求，驱使人们追求更多的社交互动，从而过度依赖社交媒体。在社交平台上，个人经常展示出精心策划的美好形象和成功的生活，这容易引发他人的焦虑和自我否定，推动他们不断追求点赞、评论和分享，以赢得更多的社会认可。

社交媒体的无穷内容和刺激吸引人们长时间沉迷其中，尽管数字社交能够带来某种程度的联系，但过度依赖它会导致实际社交活动的减少。人们会忽视现实生活中的社交机会和人际关系，从而导致孤独感和自我封闭，进一步加剧社交成瘾的问题。此外，过度沉溺于社交媒体会导致时间管理上的挑战，对学习、工作及日常生活的正常运作造成干扰。为了应对社交平台上持续的信息流和刺激，频繁转移注意力会引发注意力分散，从而降低工作效率。

特别值得关注的是青少年群体，他们更容易陷入社交媒体的成瘾中。投入大量时光于虚拟世界之中,轻视了学业、体育锻炼及家庭内的互动。这不仅对个人的学习成绩和身心健康造成负面影响,还对其将来的社交能力带来深远的负面效应。例如,YouTube 儿童频道的一些视频虽然以吸引人的动画和内容吸引儿童,但同时也有视频包含暴力和不良行为等负面内容。这些问题触及自由、人际关系和心理健康等核心价值观,引发关于数字平台责任的广泛讨论,以及如何保护未成年人免受有害内容影响的深入思考。

### 三、数字社会的动态变革

数字文明是一种标志着社会进步的新阶段,它以数字化为显著特征,并把数字经济作为推动经济和社会发展的主要力量。这一文明形态与过去的农业文明和工业文明有着本质的不同。后者依赖的是人力和物质资源的大量投入,而数字文明则建立在数据这一新型生产要素之上,借助数字技术的力量,推动着经济、政治、文化、社会及生态文明的全方位、多层次、立体化发展。

在数字文明时代,生产和生活方式乃至整个社会运转机制都发生了翻天覆地的变化。不同于以往依赖有形资源的经济模式,如今的数据驱动型经济正逐步改写我们的生存和发展规则。随着数字技术和现代文明的深度融合,我们见证了一个全新的文明范式的出现。

随着数字化社会的兴起,对无形的数据资源的依赖性逐渐增强。这种依赖转变了传统的雇佣关系，减少了对人类劳动的大规模需求，因为数据能够通过大数据分析来精确匹配经济和社会的需求。网络效应、整合和协同效应的重要性日渐凸显，促使即时经济高效运作，实现不同地区、不同领域供需双方的精准对接和共享成果。为了适应数字化、智能化和网络化的时代，社会必须共同努力提高全民的数字素养与技能。这不仅涵盖了一系列素质与技能的集合，如数字意识、计算思维、数字化学习与创新、数字公民责任等，而且是一个关乎全民素养提升、推动每位个体全方位成长的关键使命。它直接关系到弥合数字鸿沟、推动共同富裕的进程。目前，数字鸿沟已经从简单的数字工具和技术获取机会的不平等，演变为在数字环境中获取、评估和使用信息能力的不均衡。区域发展的不平衡导致了不同地域和社群间在数字素养上的显著分化。特别是在一些欠发达地区，数字技术带来的好处还远未充分体现，人们的数字生活空间相对狭窄。这就需要我们尽快采取行动，通过教育改革，将数字素养融入教学大纲，设计符合时代要求的课程体系，不仅让学生体验数字技术的创新应用，更要培养他们的数字思维和技能。同时，提升全民数字素养也不能仅限于教育领域，而应成为一个多方参与、协同推进的系统工程。媒体、企业、社会组织等都应发挥各自的职能，找到自己的优势和切入点，积极参与到数字意识强化、数字技能普及中来，形成强大的社会合力。

为了进一步地打造一个真正意义上的包容性数字社会，我们需要积极拓展更加开放和多元的数字参与格局。这意味着每个人都应有平等的机会参与到数字世界中，享受数字技术带来的便利。为此，我们必须从法律和制度层面做起，完善针对数字市场的法律法规，确保中小企业在数字竞争中不落后。在推动区域间协同发展的同时，也应探索东西部之间的互补合作模式，将东部的技术、经验和人才转移到西部，开发新的市场，逐渐缩小地区差距。这样，我们才能确保数字社会的红利被更公平地分享。此外，虽然多渠道参与很重要，但为了避免资源的浪费，我们需要对现有的数字参与平台进行整合和创新，保持线上线下的平衡，使各种参与方式充分发挥其功能。

最后，数字治理能力的强化对于构建一个健康稳定的数字社会至关重要。数字治理能力的强弱直接影响着国家和地区的数字社会治理水平。数字技术犹如一把双刃剑，一方面能够提供智能化和便利化的服务，另一方面也带来了新的风险和治理上的挑战。因此，加强数字治理能力建设迫在眉睫。政府需要利用数字技术降低人们在生产生活中的成本，提供强有力的技术支持以提升治理现代化水平。同时，我们也需要加强对数字技术的治理，制定保障特殊群体数字权利的措施，并建立完善的数字治理机制和监管体系，探索与新兴技术如区块链、网格化相匹配的治理规则，为数字社会的健康发展提供坚实的保障。

## 第四节 以和合文化引领全球数字文明互鉴

和合文化是中华传统文化的重要组成部分,贯穿于中华文明发展的全过程,并深植于中国人的日常生活之中。它强调人与人、人与自然之间的和谐共生关系。和合文化的内涵包括和谐共生、尊重多样性、道德伦理及生态平衡等价值观和行为准则。在数字文明时代,各国相互依赖,共同面临许多全球性问题。和合文化提供了一种处理这些复杂社会问题的智慧,特别是在推动构建人类命运共同体的过程中,和合文化倡导的相互尊重和合作精神显得尤为重要。全世界需创建数字文明共同体,以开源共生、开放互惠、共享圆融、对等互利、全球运作作为数字文明时代的价值追求。

### 一、开源共生:创新与传承的融合

开源共生作为一种新兴的合作模式,正逐渐成为推动全球创新与文化传承的重要力量。它强调开放的心态和共享的精神,通过开放资源和知识,促进不同领域和群体之间的相互学习和共同成长。

(一)开源运动的兴起

开源起源于软件行业的概念,其核心理念在于开放源代码,即允许用户自由地使用、修改和分发软件。这种开放的理念不仅改变了软件开发的传统模式，也促进了全球范围内创新活力的释放。在传统模式下，软件开发往往是封闭和专有的，只有少数开发者或公司能够访问和使用源代码，这极大地限制了技术的流通和应用的可能性。开源运动的兴起打破了这种局限，使更多的人和组织能够参与到软件的开发和维护中来，共同推动技术的进步和完善。

开源软件如 Linux 和 Apache 已经成为支撑互联网和企业计算的重要基石。Linux 操作系统以其稳定性、安全性和高效性在全球范围内被广泛采用，成为服务器和超级计算机的首选系统。Apache 则是一个应用极为广泛的 Web 服务器软件，它的灵活性和高性能使其成为众多网站和服务的首选。这些开源软件的成功不仅证明了开源模式的有效性，也展示了开源社区协作的巨大潜力。

开源运动的成功并不局限于技术领域。它的理念已经扩展到教育、科研、文化创作等多个方面。在教育领域，开源课程的出现使教育资源更加丰富和平等，任何人都可以免费获取高质量的教学材料，这对于提高全球教育水平具有重要意义。在科研领域，开放获取的学术期刊鼓励知识的共享和传播，加速了科学发现的过程。在文化创作方面，创意共享的艺术作品体现了开源精神对于促进文化交流和创新的价值。

（二）共生带来技术与文化交融的新篇章

技术与文化的共生发展，是开源共生理念在更广泛层面上的延伸。在这一过程中，技术不仅是文化传承的工具，更是文化创新的催化剂。例如，数字技术在非物质文化遗产的保护和传播中发挥了重要作用。通过虚拟现实、增强现实等前沿技术，人们可以身临其境地体验传统文化，从而更加生动、直观地了解和学习这些文化形式。

开源共生的理念也极大地促进了文化创新的发展。在一个开放的平台上，来自不同文化背景的创作者可以相互启发，共同创造出新的文化形式和表达方式。这种跨界合作不仅丰富了文化的内涵，而且为文化的传播和发展注入了新的活力。例如，开源音乐平台让世界各地的音乐家能够分享他们的作品，并从中获取灵感；开源文学平台则允许全球作者共同创作故事和诗歌，这样的合作模式打破了地域和文化的界限，使文化交流和融合成为可能。

开源共生还意味着知识和创意的自由流通。通过共享知识资源和开放源代码的软件工具，更多的人得以接触到先进的技术和思想，进一步推动了文化产品的创新和多样化。许多开源软件项目不仅提供基础的技术框架，还包含了丰富的文档、教程和社区支持，这些都成为学习和实践新技能的资源库。

（三）面向未来的开源共生

面向未来，开源共生的理念需要进一步深化和发展。我们需要建立更加开放和包容的合作机制，鼓励更多的个人和组织参与到开源项目中来。面向未来的开源共生不仅需要在技术上不断创新，还需要在社会、经济、法律等多个维度上进行深化和完善。

开源模式已经证明其在促进技术创新方面的有效性，但同时也需要探索新的商业模式以适应市场的需求。这包括基于订阅的服务、捐赠支持、企业赞助等方式，以保持开源项目的可持续运营。

为了适应开源共生的未来，需要培养更多的开源社区参与者和贡献者。这包括在教育体系中加入更多关于开源文化和实践的课程，以及提供线上和线下的培训项目，帮助更多人理解并参与到开源项目中来。

政府和监管机构应制定相应的政策和法规来支持开源运动的发展。例如，确保知识产权的保护、鼓励企业和个人参与开源项目、提供税收优惠等措施，以激励更多的人和企业投入到开源事业中。

## 二、开放互惠：构建共赢的全球网络

开放互惠是全球化背景下推动数字文明互鉴的关键原则。它不仅是一种经济合作模式，更是一种文化交流和价值共享的途径。

### （一）开放平台与全球合作

开放平台是数字时代最具代表性的创新之一，不仅代表了技术的进步，更体现了一种全新的协作和共享精神。这些平台的核心优势在于其能够提供一个共享资源、知识和技术的空间，使不同背景的人们可以跨越传统的地理和文化界限，协作解决问题，共同创造价值。

在全球化的背景下，开放平台的兴起促进了全球合作的新模式。企业和组织通过这些平台，能够实现资源的最优配置。例如，通过云计算服务，企业可以在世界任何角落访问到强大的计算能力，而无须自建昂贵的数据中心。这种合作模式打破了传统商业模式的局限，使小型创业公司和大型企业一样能够在全球范围内寻找合作伙伴和客户。

对于文化多样性的交流而言，开放平台同样提供了广阔的舞台。语言学习应用如 Duolingo 和 HelloTalk 利用这些平台聚集了来自世界各地的语言爱好者，他们可以互相练习语言，分享学习经验。这样的交流不仅增进了相互理解，也促进了文化的融合与创新。

（二）互惠原则在数字经济中的应用

互惠原则在数字经济中的应用广泛且深入，不仅促进了资源的高效利用和技术创新，也为用户创造了更多的价值和便利。当然，这也要求所有参与方都应遵守相应的规则和标准，确保合作的公平性和可持续性。

首先，数据共享与隐私保护是数字时代的关键议题。企业间的合作基于互惠原则，资源和知识得以流动，同时确保个人信息得到妥善保护。例如，在云服务市场，AWS（亚马逊云平台）、Azure（微软云平台）、Google Cloud（谷歌云平台）等平台为用户提供计算能力和技术服务，用户根据实际使用量支付费用,实现了资源共享与按需付费的平衡。

其次,平台经济的合作模式也体现了互惠原则的应用。如 Uber 和 Lyft 等共享出行平台,司机依赖平台获取客户,而平台则依赖于司机的服务。这种合作关系建立在互惠互利的基础上,推动了资源的优化配置。

最后,电子商务平台如亚马逊、阿里巴巴等,通过互惠原则吸引商家入驻,为消费者提供丰富的商品和服务。商家依赖平台的流量和销售能力来增加销售额,平台则通过交易额获得收益。在线教育平台 Coursera、edX 等通过学者和专家的知识共享,以及学习者对教育资源的付费访问,实现了知识和技能的传播与提升。这种互惠的知识交换促进了个人和组织的学习与发展。社交媒体平台如脸书、推特等,通过提供免费的社交服务吸引用户,用户创造内容并与他人互动,平台从中获取广告和其他收入来源。这种互惠的服务模式支撑了平台的商业模式。数字广告市场同样展现了互惠原则的应用。Google AdWords、Facebook Ads 等广告平台为广告商提供了接触潜在客户的渠道,广告商根据曝光量和点击率支付广告费用,实现了广告主与平台之间的互惠共赢。

(三)构建共赢的数字生态系统

共赢的数字生态系统是开放互惠理念的最终目标。在这个系统中,所有参与者都能在合作中找到自己的价值和位置,共同推动整个系统的发展和繁荣。数字生态系统以多方参与、持续创新和共享成果为主要特征。

首先，多方参与。政府、企业、非政府组织、学术机构和个人都是数字生态系统的重要组成部分。各方共同参与，为系统的多样性和活力提供了保障。例如，政府可以通过制定政策来促进数字经济的发展，企业则通过创新产品和服务来满足市场需求，非政府组织可以倡导数字素养教育，学术机构负责研究和解决技术问题，个人用户则是系统发展的基础动力。不同角色和实体的互动与合作，形成了一个多层次、多维度的生态网络。

其次，持续创新。开放互惠的环境鼓励持续创新。新的想法和技术可以迅速在系统中传播和应用，推动整个生态系统的进步。这种环境促进了知识的自由流动和技术的快速迭代，使创新成为可能。例如，开源软件项目如 Linux 和 Apache 就是在这样的环境中诞生和发展起来的。它们不仅推动了技术的进步，也成为全球互联网基础设施的重要组成部分。

最后，共享成果。共赢的生态系统强调成果的共享。所有参与者都能从生态系统的发展中获益，无论是经济上的回报还是文化上的丰富。例如，电商平台如阿里巴巴和亚马逊不仅为商家提供了销售平台，也为消费者带来了更多的商品选择和便利的购物体验。同时，这些平台的成功也带动了物流、支付等相关行业的发展，实现了产业链上下游的共赢。

为了实现这一目标，需要建立一套公平的规则和机制，确保所有参与者的利益得到平衡和保护。这包括知识产权的保护、数据安全法规的制定及反垄断法律的实施等。此外，还需要加强国际合作，共同应对跨境数据流动、网络安全等全球性挑战。

### 三、共享圆融：促进公平与包容

"圆融"一词在中文中有着丰富的文化内涵和哲学意义，被广泛用于中国哲学、文学和日常生活中，指一种追求社会和谐、平衡发展的理念，强调不同群体、不同利益之间的协调和融合，及社会的全面进步。共享圆融是数字文明互鉴中的核心理念之一，强调在全球化和数字化背景下，通过公平的资源共享和包容性发展，实现社会的和谐与进步。

（一）共享经济的兴起

共享经济作为一种新兴的经济模式，核心在于通过技术平台实现资源的高效分配和使用。它打破了传统的所有权的概念，转而强调使用权的共享。这种模式在全球范围内迅速发展，为人们提供了更多样化、灵活的服务和体验。

在共享经济中，资源如房屋、汽车、办公空间等不再被个人或企业所独有。相反，它们被转化为可供多个用户按需使用的资产。例如，爱彼迎允许房主将空闲房间出租给旅客，而Zipcar则允许用户按小时租用汽车，无须承担购车和维护的成本。这些平台通过提供在线预订系统、网上支付网关和客户评价机制，使资源的匹配和交易更加便捷和透明。

共享经济的兴起得益于几个关键因素。首先，互联网技术的普及和移动通信设备的广泛使用极大地降低了信息传播的成本和时间,使资源所有者能够轻松地发布信息并吸引潜在用户。其次,移动支付技术的发展为用户提供了便捷的支付方式,进一步简化了交易流程。最后,社会对环境保护和可持续生活方式的关注也推动了共享经济的发展,因为共享经济有助于减少浪费和过度消费。

当然,共享经济也面临着一些挑战和争议。例如,关于劳动权益保护的问题引起了广泛关注,因为许多通过共享平台提供服务的人可能被视为独立承包商而非传统意义上的雇员。此外,数据隐私和安全问题也是用户和监管机构关注的焦点,因为大量的个人数据在共享平台上被交换和存储。

(二)数字技术在促进社会包容中的作用

数字技术在促进社会包容性方面扮演了关键角色,其影响可从多个维度得以体现。第一,互联网和移动设备的普及为信息获取提供了平等机会,特别是在偏远地区或经济条件较差的人群中。在线教育平台使高质量的教育资源能够跨越地理和经济界限,从而减少了教育不平等现象。

第二,社交媒体和在线社区为边缘化群体提供了一个表达观点的平台,增强了他们的社会参与度。这不仅有助于提高这些群体的社会地位,也促使主流社会更加关注他们的需求和权益。

第三,数字技术通过提供辅助工具和无障碍网页设计等手段,支持残障人士更轻松地访问信息和服务。这促进了他们的社会融入，确保他们能够享受与他人相同的权利和机会。

第四，在经济发展方面，电子商务和移动支付等数字服务为小企业和个人创业者提供了更多的机会，使他们能够在全球范围内开展业务，从而增加了收入来源和就业机会。这种经济增长潜力对于缩小贫富差距具有重要意义。

第五，医疗保健领域也受益于数字技术的应用。远程医疗和电子健康记录等创新提高了医疗服务的便捷性和个性化程度，特别是对于居住在偏远地区的患者。这不仅提升了医疗服务质量，还扩大了服务的覆盖范围。

(三) 圆融发展是实现社会公平的重要途径

社会公平是现代社会追求的核心价值之一，圆融发展作为一种全面、协调的发展模式，为实现这一价值提供了独特的视角。圆融发展根植于中华文化的深厚底蕴，其哲学基础强调事物的完整性与和谐性。在社会层面，这一理念倡导在发展过程中兼顾各方利益，实现个体与集体、经济发展与社会福祉、人类活动与自然环境之间的平衡。

首先，圆融发展理念强调经济发展与社会公平的协调。在经济发展过程中，应关注贫富差距和社会不平等问题，通过政策调整和制度创新，使更多人受益于经济增长。例如，通过提高最低工资标准、改善劳动条件、加强社会保障体系等措施，有助于缩小贫富差距，实现社会公平。

其次，圆融发展理念强调环境保护与经济发展的协调。在追求经济增长的过程中，应关注环境问题，采取措施减少污染、节约资源和保护生态系统。这有助于实现人与自然的和谐共生，保障未来的发展权益，从而促进社会公平。

最后，圆融发展理念强调人的全面发展。这意味着在追求物质财富的同时，还应关注人的精神文化需求、教育和健康等方面的发展。通过提供平等的教育机会、改善医疗卫生条件、丰富文化生活等措施，有助于提高人民的生活质量，实现社会公平。

**四、对等互利：构建平等的国际关系**

在数字文明背景下，对等互利不仅是国与国之间经济合作的基础，更是文化互鉴和国际关系平等的重要体现。通过加强国际合作、推动经济体系的公平性、促进文化互鉴、改革全球治理结构，可以实现更加公正和平的国际环境。这需要国际社会的共同努力和智慧，以确保所有国家和人民都能在全球化进程中受益。

（一）数字时代的国际合作新模式

数字技术的飞速发展为国际合作开辟了新途径，提供了创新模式和有效工具。依托高速互联网连接及先进通信技术，不同国家与地区得以实现信息交流的便捷化及资源共享的高效化。这种新兴的国际合作方式强调平等参与和共同决策，确保每个参与者都能依据自身的优势和需求贡献力量并从中受益。

首先，跨国企业的全球运作是推动国际协作的关键力量。尤其是大型跨国公司，它们通过构建全球价值链来整合全球资源，优化配置。全球价值链涉及将生产过程在不同国家间进行细分，企业专注于特定环节而非整个产品的生产。在持久关系的基础上，企业间的商业往来成为全球价值链的基础。跨国企业在全球化协同中扮演着重要角色，不仅促进了企业本身的快速成长，也对社会和国家层面产生了深远影响。例如，阿里巴巴通过建立电子商务平台，利用这一全球网络促成了供应商与制造商之间的合作，不仅推动了国际贸易的发展，还提升了国家经济的整体竞争力。

其次，跨国合作与联盟在数字产业领域内显得尤为重要。这包括不同国家或地区的企业、科研机构、政府部门等在共享资源、联合研发、市场拓展等方面的合作。具体实施方式涵盖技术交流与合作、资源共享与整合、市场拓展与合作及项目合作与投资等。这些方式有助于提升数字产业的竞争力，促进技术创新，扩大市场份额，并优化全球产业链结构。

再次，政府间的合作与政策支持对于数字产业的发展至关重要。各国政府可以通过签订合作协议明确各方的责任和义务，共同推进数字产业的进步。例如，中国与东盟国家提出的《中国－东盟关于建立数字经济合作伙伴关系的倡议》，旨在抓住数字机遇，构建一个互信互利、包容、创新、共赢的数字经济伙伴关系。双方同意加强在数字基础设施、产业数字化转型、智慧城市、网络空间和网络安全等领域的合作，以促进数字产业的发展并实现合作共赢的目标。

最后，跨国人才流动与交流也是促进数字产业发展和全球协同的重要手段。这种模式强调人才的跨国流动和交流，吸引和培养具有国际视野和专业能力的人才，从而推动数字产业在全球范围内的发展和协同。根据《全球人才流动趋势与发展报告（2022）》显示，跨领域、跨行业向数字经济领域的人才流动趋势愈发明显。

（二）文化互鉴与国际理解

文化互鉴与国际理解是构建平等国际关系不可或缺的要素。对等互利不仅要求经济和政治利益的平衡分配，更强调文化层面的相互尊重和理解。这种理念认为，各国应在平等的基础上进行文化交流，通过理解和学习彼此的文化传统和价值观，促进国际间的和谐与共识。

一方面，文化互鉴有助于消除文化隔阂，增进相互了解。在全球化的背景下，不同文化之间的交流日益频繁，要求各国人民不仅要尊重自己的文化，还要学会欣赏和理解其他文化。例如，通过艺术展览、电影节、文学研讨会等活动，不同国家的艺术家和作家可以展示自己的作品，同时也可以学习和体验其他国家的文化创作。这种跨文化的互动有助于消除偏见，增进相互尊重。另一方面，文化互鉴促进了国际合作与和平。在国际关系中，文化因素往往起到润滑作用，有助于缓解紧张局势和解决冲突。例如，通过体育赛事、学术研讨、学生交换等项目，国家之间可以在非政治领域建立联系，这些活动往往能够超越政治分歧，促进人们之间的友谊和理解。

中国的"一带一路"倡议是一个典型的文化互鉴的现实案例。这个倡议旨在通过建设贸易和基础设施网络，加强中国与沿线国家的经济联系。然而，这不仅是一个经济项目，也是一个文化交流的平台。

"一带一路"倡议鼓励了中国与沿线国家的文化交流。例如，中国在一些沿线国家设立了孔子学院，推广汉语教学和中国文化。同时，中国也邀请沿线国家的艺术家和文化工作者来华交流，举办各种文化活动，如艺术展览、音乐会等。

"一带一路"倡议也促进了中国与沿线国家的文化互鉴。例如，中国与一些沿线国家合作拍摄电影和电视剧，讲述各自的故事，增进相互了解。同时，中国也引进了一些沿线国家的优秀文化作品，如俄罗斯的芭蕾舞、意大利的歌剧等，丰富了中国人民的文化生活。

"一带一路"倡议还推动了中国与沿线国家的文化产业发展。例如，中国与一些沿线国家合作开发文化旅游项目，吸引游客体验不同的文化。同时，中国也与一些沿线国家合作开发文化产业项目，如动漫、游戏等，推动文化产业的创新和发展。

## 五、全球运作：应对人类共同的挑战

全球运作体现了一种超越国界、文化和意识形态的合作精神。它强调的是在全球化背景下，各国共同参与和分享数字技术带来的红利,以及面对全球性挑战时的集体行动能力。

(一)构建全球数字治理新机制

构建和发展全球数字治理体系对于确保数字技术的健康成长、推动经济增长、维护社会稳定以及保障国家安全至关重要。其核心目的在于塑造一个公平、开放且安全的数字化世界,以应对日益增长的技术挑战和全球化背景下的社会需求。在构建和发展全球数字治理体系的进程中,重点应聚焦于以下四个关键领域。

一是国际合作框架的建立与全球参与协调。鉴于数字化的全球性质,国家间的紧密合作显得尤为重要,需共同面对跨境数据流动、网络犯罪及网络恐怖主义等跨国界挑战。为此,国际组织和多边框架如联合国、世界贸易组织(WTO)、国际电信联盟(ITU)等扮演着关键角色,负责推动国际规则的制定与执行。

二是网络安全与数据保护的强化。随着数字经济的蓬勃发展,网络安全和个人数据保护成为全球性的焦点议题。全球数字治理体系需建立一套强有力的网络安全框架,涵盖国家法律制度、国际合作机制及私营部门的自律措施。个人隐私的保护是构建信任和消费者权益保护的基石。因此,全球数字治理体系应促进各国制定统一的数据保护法规,并在此基础上实现国家间的有效协调。

三是包容性增长与数字红利的公平分配。为缩小数字鸿沟,确保所有国家和地区均能从数字化转型中受益,全球数字治理体系必须支持基础设施建设，尤其是在发展中国家和边远地区，同时提供必要的数字技能培训以提高当地社区的数字素养。此外，关注数字红利的公平分配也至关重要，以确保数字经济的发展成果能够惠及社会各阶层，包括弱势群体和小型企业。

四是伦理和人权在数字治理中的考量。技术进步带来的隐私权与自由权的平衡问题，要求全球数字治理体系在发展过程中纳入伦理和人权考量。这涉及技术发展不应侵犯个人的基本权利，并且要考虑技术对社会就业、教育和文化等方面的影响，以确保技术的发展能够促进整个社会的整体福祉。

（二）全球发展格局下的中国能动性

在全球化的脉络中，中国展现出其能动性，以积极的姿态参与和塑造全球发展格局。首先，践行人类命运共同体精神。这一理念体现了中国对"建设一个什么样的世界、如何建设这个世界"这一重大课题的深刻思考和智慧贡献。2013年3月，习近平主席在莫斯科国际关系学院发表演讲，中国首次在国际平台上阐释了"人类命运共同体"的概念，并得到国际社会的广泛认同。该理念已被纳入联合国决议、安理会决议及联合国人权理事会决议等重要文件，成为汇聚全人类共同价值追求、合力创造美好生活的重要共识基础。"构建人类命运共同体，关键在行动"，中国以实际行动展现其对这一理念的承诺，这不仅体现在观念领域的求同存异上，更在全球政治经济合作与国际治理领域提供了一种全新的实践模式。

其次，供给全球数字发展型公共产品。全球治理的开展离不开充分的全球公共产品供给。目前，中国已经成为全球数字基础设施建设的引领者之一，有望将国内创新技术与发展经验外溢为区域性、国际性与全球性公共产品。"云治理"加强了政府部门之间的信息共享，有助于数据共享，打破"数据孤岛"困局。通过整合碎片化资源，将各部门的数据孤岛转化为单一的信息"云"，促使信息在整个平台共享流动，从而改善跨部门之间的协调，提高总体治理水平。这种云治理模式若在全球推广，则可能建立一个外向的、分散的、协商的全球治理新范式。

最后，中国式现代化的全球经验传递。中国的现代化进程是在超大规模人口社会背景下的一次独特尝试，旨在实现共同富裕、物质精神协调发展、人与自然和谐共处及国家间和平发展的目标。中国式现代化不仅为人类社会的发展提供了新的可能性，也为人类文明的历史进程增添了重要的参考价值。这种经验的传递有助于其他国家了解并借鉴中国在经济发展、可持续发展及全球治理等方面的成功做法，进而促进国际间的交流合作，推动全球发展进程向前迈进。同时，中国通过与其他国家的合作与交流不断丰富和完善自身发展模式和政策体系。这种经验的传递和共享有助于构建一个更加开放、包容且互利共赢的国际社群。

# 后　记

本书旨在全面呈现数字社会发展过程中的多维度变化与挑战。通过对数字经济的影响、数字社会的新形态、新模式及数字治理的探索与创新进行深入剖析，以期为读者提供全面而深入的视角。

书中详细讨论了数字经济对社会的深远影响。随着数据成为新的生产要素，数字技术创新已成为经济体系持续发展的原动力。物联网、移动互联、人工智能等新兴技术对生产关系进行了重新定义，推动了社会财富创造模式的深刻变革。数字经济与传统经济的深度融合使整个社会的经济结构和运行方式发生了深刻变化，不仅是资源配置模式的创新，更是生产和社会组织形式的重构。我们相信，这种融合趋势将更加明显，未来的产业链和供应链也会呈现新的发展趋势。

数字基础设施的快速变化同样值得关注。在未来的发展过程中，数字基础设施将成为推动数字经济高质量发展的重要条件。数据的流动性、信息安全的保障、网络效应的充分发挥，都是未来大国竞争的重要领域。建设扎实可靠的数字基础设施体系不仅是国家层面的战略选择，也是保障经济社会稳定发展的根本。

数字社会的发展使得社会结构更加复杂、多元。在新的网络空间下，人们的连接方式更加多样化，社会关系更加扁平化。随之而来的，是如何在这样一个虚拟与现实高度融合的空间中维持社会秩序的问题。数字鸿沟、数据安全、隐私保护等议题日益凸显，这些都需要我们在数字治理领域进行更为深入的研究和探索。未来的治理模式需要兼具创新性与包容性，确保数字技术能够更好地为人类社会的发展服务。

本书涵盖了数字社会的新形态、基础设施、治理创新及未来图景等多个方面，展现了数字技术与社会发展深度融合的多维度图景。我们希望，本书能够为关心数字经济与社会转型的读者，提供一个系统而深刻的参考框架。在未来的数字社会建设中，我们仍然需要不断创新、持续探索，深刻把握数字经济发展的脉搏，让数字化进程能够更好地促进社会的可持续发展。

本书由中共中央党校（国家行政学院）经济学部副主任许正中教授领衔著作。其中，第一章由王娜撰写，第二章由于蔚均撰写，第三章由产健撰写，第四章由康天姝撰写。全书由许正中教授、蒋震教授和王娜总撰。在撰写过程中，各位专家学者搜集整理了大量资料。感谢所有参与本书编写的专家学者和团队成员，特别感谢胡敏总编辑对书稿提出了大量宝贵建议，感谢王莹和孔令慧悉心校对书稿。本书相关部分内容也受到了"中国社会科学院大学应用经济学院数字经济人才培养基地项目"的支持。是你们的智慧与努力，使得本书能够完整呈现出数字社会的多彩画卷。我们深知，本书中所探讨的内容仍有许多未尽之处。希望在未来的研究和实践中，能有更多的学者、研究者加入这一领域的讨论，共同推动数字社会的美好未来。